インド沼

映画でわかる超大国のリアル

宮崎智絵
Miyazaki Chie

インターナショナル新書 145

はじめに

日本でインド映画が本格的にヒットしたのは、1998年に映画評論家の江戸木純氏が日本にもたらして公開された『ムトゥ踊るマハラジャ』でした。それまではサタジット・レイ監督の作品が日本でも上映されていましたが、どれも社会派で落ち着いた映画だったため、観客は限られていました。しかし、『ムトゥ踊るマハラジャ』は、歌やダンスもあり華やかで、多くの観客の心をつかんだのです。

さらに、2017年に日本で公開された『バーフバリ 伝説誕生』と『バーフバリ 王の凱旋』は、絶叫応援、コスプレなど熱狂的なファンがいたことで話題となりました。そして、2022年に公開された『RRR』は、日本でも大ヒットしたことでご存じの方も多いのではないでしょうか？ インド国内外でもヒットし、挿入歌「ナートゥ・ナートゥ」は第80回ゴールデングローブ賞で主題歌賞、第95回アカデミー賞で歌曲賞を受賞しました。

このように、インド映画が世界的にも評価され、ヒットしています。

右に挙げたように日本では、何度かインド映画ブームがありましたが、特に『RRR』のヒットは、インド映画を観る人の裾野を広げたように思います。

ここで簡単に筆者とインドの関係について話をさせてください。筆者がインドに興味をもったきっかけはテレビで観たガンジス川の光景でした。熱心に沐浴《もくよく》をするインド人たちの姿を観て、こんなに熱心に信仰をもっている人たちがいるインドとはどのような国なのか、行ってみたい、と思うようになりました。その夢が叶ったのは1980年代後半でした。大学生のときに海外個人研修という大学の制度に応募したところ採用され、インドへ行くことができました。この制度は、かなり自由度が高く、旅の途中で学長に2回ほどハガキを送り、帰国後は授業で1回発表し、報告書を書けば、好きなスタイルで旅ができるというものでした。筆者はバックパッカーとしてインドを旅しました。

その頃のインドは、経済封鎖をしていたため、あまり日本人はいませんでした。そのため道で日本人とすれ違うたびに挨拶をしていました。インドを旅するのは、主にベテランのバックパッカーでした。当時は世界中を旅した人が来るところがインドだったのです。初海外がインドという筆者はかなりめずらしい存在だったため、先輩バックパッカーには大変良くしていただきました。先輩バックパッカーによく言われていたのは「インドが呼んでいる」という言葉。三島由紀夫の言葉です。当時は、インドに呼ばれている人はインドでの旅はうまくいくのですが、呼ばれないのにインドを旅する人はひどい目にあうといわれていました。

このような時代ですので、インドの映画は、インド国内で楽しむものであり、せいぜいインド人の移住者の多い東南アジアなどで観られる程度でした。制作本数は多くても、世界をターゲットにしていなかったため、日本ではインド映画をなかなか観ることができませんでした。

そして、筆者はインドへの旅以来、インドのことをもっと知りたいと思うようになりました。そこで、学部では歴史を専攻していましたが、大学院でインドの研究をするために社会学に専攻を変更しました。社会学科には宗教社会学を専門とし、インドの宗教と社会について指導することのできる沼義昭教授がいらっしゃったからです。

このようにして、インドの沼にズブズブとハマっていったのです。実は本書のタイトルの「インド沼」は編集部が提案してくれたものです。インドにハマる人が多いこと、筆者もインド沼にハマった人の一人であることなどのニュアンスを、愛を込めてつけてくださいました。本書にピッタリのタイトルでとても気に入っています。

さて、インド映画には、『RRR』や『きっと、うまくいく』など日本でもヒットし、内容も充実したものが多くあります。そこには、インドの社会や文化がとてもリアルに描かれています。そこで、本書では、映画を手掛かりとしてインドの歴史、社会や文化を見ていきます。

まず、第1章では、映画『RRR』などからイギリス植民地時代のインドを見ていきます。第2章では、『きっと、うまくいく』などからインドの身分制度として有名なカースト制、第3章では、『恋する輪廻』などからインドの映画界を見ていきます。さらに、恋愛と結婚や家族を取り上げました。また、『ボンベイ』から宗教・宗教対立、『パッドマン』からインドのトイレと生理事情を、『ヒンディー・ミディアム』からインドの教育事情、『スラムドッグ$ミリオネア』や『ガリーボーイ』からインドの貧困問題を取り上げました。そして、せっかくなのでインド国内の話だけではなく、海外で活躍するインド人を『マダム・イン・ニューヨーク』から考えてみました。カルチャー面ではインドのスポーツやチャイ文化を見ていきます。また、経済成長目ざましいインドの鉄道や水道などのインフラ事情を『チェンナイ・エクスプレス』から、そして、『アーリヤマーン』などから映画や飲み物におけるインドのパクリ文化を見ていきます。ここに挙げたタイトル以外にも、テーマに沿って多くの映画を取り上げています。

最近、インドは国際的に政治でも経済でも存在感を増してきています。一昔前まで汚い、危ないなどという印象が強かったインドも、今ではＩＴや教育などのイメージが強くなってきています。本書によって少しでもインドの社会や文化、そしてインド映画に興味をもっていただければ幸いです。

目次

※本書で紹介するインド映画の題名は初出に原題とカタカナの読み方を記していますが、邦題がある映画は邦題を記しています。

第1章　植民地時代

インダス文明に始まるインドの歴史は、国土が広いため非常に複雑です。インドが位置する大陸は「インド亜大陸」とはいうもののユーラシア大陸の一部であり、陸続きで他国と接しています。そのため、何度も外部から侵入された歴史があります。古くはアーリア人ですが、8世紀以降、イスラーム勢力が何度か侵入をしました。そうした中で比較的長い間支配したのが16世紀のムガル帝国です。この時代を舞台にした映画には『Jodhaa Akbar』（ジョダー　アクバル、2008年）や『Mughal-E-Azam』（邦題：偉大なるムガル帝国、1960年）などがあります。

一方で、イスラーム勢力が侵入していく中、ヨーロッパ勢もインドに進出しました。イギリスとフランスは東インド会社を設立しましたが、インドの利権をめぐって戦争に発展しました。この戦いにはイギリスが勝利します。これによりイギリスがインドを植民地としていきました。この植民地時代を背景とした映画が世界的に大ヒットした『RRR』（2022年）です。

これらの映画をより理解するためにも、まずは植民地に至るまでのインドの歴史をざっと見ていきましょう。

植民地支配以前のインド

紀元前2500年ごろ、インド北西部のインダス川の上流域であるパンジャーブ地方にインダス文明が形成され、モエンジョ＝ダーロやハラッパーなどの都市が作られました。インダス文明は、都市計画、排水路、公共沐浴場、会堂などの施設をもつ文明であり、印章には肖像や、いまだに解読されていませんがインダス文字が使用されていました。これらの地域は、現在ほとんどがパキスタンに属しているので、インドの歴史は現在のパキスタン、バングラデシュなども含んでいます。

紀元前4世紀にはアレクサンドロス大王がインダス川流域へ進出しました。あの有名な東方遠征です。その後、分裂と統一を繰り返しながら様々な国が作られては滅びていきます。

14世紀末ごろから、ティムールという人物が中央アジアの西トルキスタン一帯に国を建てましたが、1526年にはティムールの子孫のバーブルがデリーにムガル帝国を建国しました。ムガル帝国のインド支配が確立したのは16世紀後半のアクバル帝のときでした。アクバルは位階に応じて騎馬などの軍備を義務づけるマンサブダール制と、給与として知《ち》行地《ぎょうち》を与えるジャーギール制によって官僚・軍事制度を整備し、国力を強大にしました。

ヒンドゥー教徒とは融和を図り、1564年にジズヤを廃止し、ヒンドゥー教徒を官僚に登用しました。ジズヤとは、イスラーム法で定められた人頭税のことで、イスラーム帝国に征服された地域に住む非アラブ人は、ジズヤを納めればイスラーム教に改宗することを強制されず、信仰と生命・財産を保護されたのです。このあたりの時代を舞台にした映画が『ジョダー　アクバル』です。アクバルとアーメール王国の王女ジョダーとの政略結婚の行方を描いています。イスラーム教徒のアクバルとヒンドゥー教徒のジョダーの関係から、ヒンドゥー教との融和政策がどのようなものだったかわかるでしょう。宮廷では、もとから皇帝に仕えるムスリムとジョダーが連れてきたヒンドゥー教徒が対立するシーンもあります。本来、イスラーム教徒の男性と結婚する際、異教徒の女性はイスラーム教に改宗することを要求されます。でも、アクバルはジョダーの信仰を否定したり、改宗を迫《せま》ったりはしていません。

『Jodhaa Akbar』（ジョダー　アクバル）

さて、ムガル帝国は17世紀後半のアウラングゼーブ帝のときに全盛期を迎えます。しかし、彼はイスラーム教を深く信仰していたため、ジズヤを復活させてヒンドゥー教徒との融和策を放棄してしまいました。それに対し、デカン高原のヒンドゥー勢力はマラーター王国を中心にマラーター同盟を結成してムガル帝国に反抗しました。このようにしてムガル帝国は衰退に向かっていくのでした。

植民地時代（イギリス東インド会社）

ヨーロッパ勢力がインドへ進出したのは、ムガル帝国の成立以前の16世紀初頭からです。1498年、ポルトガルのヴァスコ＝ダ＝ガマがアフリカ南端を迂回する東廻りでインド西岸のカリカットに到達し、インド航路の開拓に成功しました。続いてイギリスは東南アジアの香辛料貿易の主導権をオランダと争いましたが、インドネシアでの香辛料をめぐっての争いに敗れたため、インドのほうに本格的に重心を移しました。そこにフランス東インド会社が続いたためイギリスとフランスの衝突が起こりました。インド南部で1744年～61年の間に3度戦い、1757年にはインド東部でも戦い、その両方でイギリスが勝利しました。これによりインド植民地支配の主導権をイギリスが獲得しました。

18世紀にイギリス東インド会社がインドで支配を拡大していた頃、イギリス本国では産業革命が始まりました。その影響がインドにも及びます。産業革命以前は、イギリスはインドから綿織物を輸入していましたが、産業革命で急速に綿工業が発達します。そして、イギリスはインドから綿花そのものを輸入し、その綿花で綿織物を生産しました。さらにその綿織物を、インドに輸出するようになりました。機械で織った安い綿織物が大量に入ってきたため、インドの綿織物産業は破壊されてしまったのです。

さらに、イギリスは土地税の徴収を通じてインドの富を徹底して搾取するシステムを作りました。イギリス東インド会社は、1765年にムガル皇帝からベンガル地方などの徴税権を与えられ、さらに、1793年からベンガル地方では地主層から税を取る方式を導入します。その後、直接徴税の制度を導入しました。このようにして税を通してインドを支配するようになりました。そして、これらの税制により農村は解体され、農民は納税するために綿花、茶、アヘンの栽培をしていくことになってしまったのです。

さて、イギリス政府はイギリス東インド会社に対して、「配当制限法」(1767年)、東インド会社規制法(ノースの規制法)(1773年)を制定しました。これにより、ベンガル知事に代わってベンガル総督を置き、インド統治の統轄機関としました。本国で産業革命が進行し、産業資本家層が成長すると、彼らはまず国内で特許会社としてのイギリス東インド会社の独占権に対する批判を強め、自由貿易を求めるようになりました。それにより、知事や軍司令官を社外からの任用とする通称「ピット・インド法」（１７８４年）が定められ、この法律は会社消滅まで政府と会社との関係を規定しつつ存続しました。イギリス東インド会社は、１８１３年にインド貿易、１８３３年に中国貿易の独占権が廃止されました。これによってイギリス東インド会社の商業活動は停止となりました。そのため、イギリス東インド会社は植民地行政のみを担当する統治機構として存続することとなったのです。

ところで、『Thugs of Hindostan』（ダグス　オブ　ヒンドゥスターン、２０１８年）という映画は、18世紀末のイギリス東インド会社の暴虐に苦しむインドが舞台です。ミラ王国の王と王妃は東インド会社の武官クライブの陰謀により殺害されますが、その娘ザフィーラーは忠臣アーザードの助けによりなんとか生き残ります。数年後、強奪団を組織したアーザードとザフィーラーは東インド会社を相手に略奪を繰り返し、彼らを悩ますようになります。脅威を感じたクライブはコソ泥のフィランギーを雇い、アーザードの組織に潜入させます。しかし、フィランギーはアーザードの変革への思いに次第に心を動かされていきます。王と王妃すらも殺害するイギリス東インド会社という敵に虐げられたインドの民が立ち上がり復讐をするという勧善懲悪のストーリーは、ある意味インド人の願望だったのでしょう。

ちなみに、『パイレーツ・オブ・カリビアン』で敵対していた東インド貿易会社のモデルがイギリス東インド会社です。東インド貿易会社は、東インド諸島とカリブ海地域の貿易を独占しようとした巨大企業という設定ですが、実際の東インド会社はカリブ海方面には進出していません。

さて、イギリス東インド会社を通じてインドを支配していたイギリスですが、1857年のインド大反乱をきっかけにイギリスが直接支配することになりました。インド大反乱は、デリー近郊でイギリス東インド会社に雇われていたインド人兵士が発端となった反乱です。この反乱は、新式の銃に弾丸を込めるときに動物油脂が塗られた包み紙を噛んで破らなければならなかったことがきっかけでした。ヒンドゥー教徒は牛を神聖視していたため、ムスリムは豚を不浄としていたために牛や豚の油脂を口にすることはタブーだったからです。インド大反乱は、イギリス東インド会社軍に鎮圧され、反乱を支援したムガル帝国の皇帝は退位させられました。ここにムガル帝国は滅亡したのです。

その後、「インド統治改善法」（1858年）の成立によって、イギリス東インド会社は解散し、インドはイギリス本国政府の直轄植民地となったのです。

インド帝国

1877年にはヴィクトリア女王を皇帝とするインド帝国が成立しました。一見、独立国のようですが、実質はイギリス帝国の一部としてイギリスの繁栄を支えるための植民地となったのです。

日本でも大ヒットした映画『RRR』は、このインド帝国時代を舞台としています。1920年、イギリス植民地時代のインドでインド総督夫人にさらわれた幼い少女を救うため立ち上がったゴンド族の守護者ビームと、大義のためイギリス政府の警察官となったラーマ。実は、ラーマの父ヴェンカタは警察官でしたが、スコット総督の圧政に耐えかねて脱走し、独立運動家として村人たちに戦闘訓練を施していたのです。違う使命をもつ2人は敵対する立場にありましたが、お互いの素性を知らずに出会い、兄弟の契りを交わします。しかし、幼い少女を救う際にビームはラーマに逮捕されます。すれ違いながらもお互いを思い合う2人は、やがてお互いの使命がわかり、協力してインド総督府に戦いを挑みます。

この『RRR』では、イギリス総督府での会議のシーンで、イギリス総督夫人キャサリンが、「(部族民の刺客を捕まえる) 特別な任務を成し遂げた者を特別捜査官にします」と尊大な態度で発言します。あたかも総督夫人に決定権があるかのようです。では実際の統治システムはどのようになっていたのでしょうか。

イギリスは、直接統治する地域以外には各地の土豪を藩王とする藩王国を認め、間接統治をしました。すべての州を県に分割し、県には1人のイギリス人判事のもとに民事裁判所を置きました。また、民事裁判所判事は行政長官の役割も果たしており、警察を制御していました。そして、それぞれの県は数多くの警察署の管轄に分けられていました。さらに県裁判所とカルカッタ(現コルカタ)の高等徴税裁判所を調停するために4つの控訴州裁判所を設立しました。この控訴裁判所は地方を巡回し、2人のイギリス人判事のもとで刑事裁判の執行もまかされていました。一方で、治安裁判所は総督の支配下に置かれました。これにより、徴税官たちはすべての裁判上の職能を奪われました。

また、インドにおけるイギリスの統治機構は、基本的には、官僚のヒエラルキーを基礎とするもので、その頂点は総督とインド大臣でした。インド大臣へのチェック機関として、スタンリー卿法（直接統治を定めた１８５８年のインド統治法のこと）によりインド参事会が設置されました。しかし、インド大臣は大部分の事項で決定を覆すことが可能であり、総督への「緊急連絡」や「機密命令」によってインド参事会を飛びこすことができたので、インド参事会が重要性をもつことはあまりなかったのです。そして、イギリスは、英語を強制するなど、植民地支配を進めましたが、その際、カーストの違いやヒンドゥー教とイスラーム教の対立などを利用して分割統治を行ったのです。

映画『Gandhi』（ガンジー、１９８２年）では、ガンディーを支援するゴーカレー教授は、「我々は、１つの国にしたい。だが、イギリスは分けたがっている。宗教や階級、藩王国や州で分割していく」と言っています。このゴーカレー教授は、ファーガソン・カレッジの歴史と経済学を専門とし、インド国民会議では年次大会議長を務めた人です。ゴーカレー教授は、イギリスの企みを正確に見抜き、ガンディーにインド人が一体となった独立運動が大事であることをアドバイスし

『Gandhi』（ガンジー）

たのです。

こうした植民地時代を背景とした映画には、アーミル・カーン主演の『Lagaan』（ラガーン、2001年）があります。「ラガーン」とは年貢の意味で、年貢をめぐってイギリス人とクリケットで勝負する映画です。1893年、インドでは干ばつに苦しむ農民たちに厳しい年貢が課せられます。藩王プラーン・シンは、納められた年貢の一部をイギリス軍へ納めていました。ある日、イギリス人将校ラッセル大尉は厚意を無下にした藩王に対し、2倍の量の年貢を納めるように要求しますが、クリケットで勝てば村だけでなく州全体の年貢を3年間免除、負けたら3倍にするという賭けをもちかけます。ラッセル大尉の妹エリザベスは、村人たちに「チャンスをあげたい。クリケットのルールを教えたい」と申し出ます。エリザベスの協力を得て、村人たちは数々の試練を乗り越えて団結し、試合に臨みます。この映画では、イギリスに上納する年貢の過酷さとイギリス人の傲慢さ、藩王とイギリスという支配の二重構造に苦しむインド人農民の状況が描かれていま

『Lagaan』（ラガーン）

す。しかも藩王もイギリスと農民によって板挟みにされており、イギリスをトップとしたピラミッド支配構造だったのです。プラーン・シン藩王はどちらかというとイギリスを優先していますが、寺院のある土地の藩王と仲が悪く、プラーンの村人たちは3年も礼拝することができない状況でした。そこでプラーンはラッセルに仲介を頼みます。結果的には無理難題な条件を出されて仲介はされませんでしたが、藩王も場合によってはイギリスを利用していたのです。そして、この映画でもイギリス人はインド人を虐げ暴力をふるいます。たとえば、馬の蹄鉄の手入れをしていたインド人が、ちょっとしたミスをしたため馬が暴れました。ラッセルは、このインド人をムチで打ったり蹴ったりします。また、イギリス軍には大勢のインド人が採用されていましたが、村外からクリケットチームに参加したデヴァは、イギリス軍に耐えられず軍を捨てたため、深い恨みをもっていました。イギリス人がインド人に対して暴力をふるっても傷害罪にならないし、軍法会議にかかったり警察に捕まったりもしなかったのです。

また、映画『ガンジー』では、ガンジーはチャンパラン村で、小作人の権利を守るためイギリス人地主と闘いますが、暴力をふるったわけではないのに逮捕され、裁判にかけられてしまいます。イギリス人はインド人に死ぬほどの暴力をふるっても逮捕されませんが、インド人は暴力をふるわなくても逮捕され、裁判にかけられるのでした。

独立運動

『RRR』のエンディングでは、8人の人物の絵が映し出されます。民族運動の指導者スバース・チャンドラ・ボース、独立運動で活躍し、〝インドのビスマルク〟とも呼ばれた政治家ヴァッラブバーイー・パテール、イギリス東インド会社の強引な併合に対して反乱を起こしたキットゥール王妃チェンナンマ、インド国民会議派のV・O・チダンバラム・ピッライ、革命家のバガト・シン、テルグ語地域を代表する政治運動家タングトゥーリ・プラカーシャム、イギリス東インド会社に長年抵抗するも戦死したコッタヤム王国最後の王ケーララ・ヴァルマ・パラッシ・ラージャー、西インドに興ったマラーター王国の創始者で、反英独立運動で愛国心を鼓舞する象徴となったシヴァージーです。いずれもインドにおける英雄的存在です。彼らが活動していた地域も紹介されていますが、インド全国に及んでおり、独立運動は全国規模で行われていたことがわかります。

イギリス植民地支配に対し1885年にインド国民会議派が発足しました。イギリス式の学校で教育を受けたインド上流階級の中にはイギリスに留学して学識を身につけ、法律家や役人、教師などになる人が増えてきました。彼らを中心としてインド人自身がインドを統治すべきであるという考えが広まっていきました。そこでインド人に友好的だったイギリス人政治家ヒュームが協力し、72人の代表がインド各地から集まってボンベイ（現ムンバイ）でインド国民会議が開催されました。当初は穏健な勢力としてインド人の政府への参加や権利獲得を求めていましたが、やがてインド独立を目指す政治団体に発展し、インド国民会議派になりました。この国民会議派やインド・ムスリム連盟を中心としてインドは民族解放運動を展開していきます。

1914年に第1次世界大戦が勃発すると、イギリスは戦後の自治と引き換えに兵員や物資の調達など戦争への協力をインド人に求めました。大戦でイギリスは、インドから物資の調達だけではなく、30万人の兵員を集めました。死者数は、イギリスの約90万人に対し、インドは7万4000人でした。これだけの犠牲を出したにもかかわらず、イギリスは「インド統治法」（1919年）により限定的な選挙権をインド人に認めたものの、「ローラット法」で民族解放運動を弾圧しました。この法律は、裁判をしないで投獄することができたり、疑わしいという段階で拘束することができるというものでした。戦争が終わってもイギリスがインドとの約束を守らなかったため、民族解放運動は激しさを増していきます。このような経緯でガンディーは非暴力を掲げてゼネラル・ストライキを行ったのです。パンジャーブのアムリトサルでは集会に集まっていた市民に対してイギリス軍が無差別に発砲し、数千人を殺傷する「アムリトサル虐殺事件」が起きました。それに対し、ガンディーは何度も逮捕されながらも、あくまでも非暴力・不服従で独立運動を続けました。多くのインド人がガンディーを支持し、ともに非暴力で運動を行ったのです。

『RRR』は、第1次世界大戦の直後の1920年を舞台としています。アムリトサル虐殺事件やローラット法などの制定で、イギリスが約束を守らずインド人を苦しめ、イギリスに対する不満が強くなっていた時代です。それに対して、宗教、地域、民族、性別も超えて、イギリスという共通の敵に戦いを挑むとともに「インド人」という仲間意識を形成していきます。ビームとラーマはまさにその象徴です。

さて、映画の冒頭でデリー近郊の警察署には、逮捕した独立運動家の釈放を求めるデモ隊が押しかけています。民衆が要求していたのが、「ラーラー・ラージパト・ラーイの釈放」です。ラーイは、インド国民会議派のメンバーで、1920年に議長に選出された大物指導者の1人でした。警察官のラーマはデモ隊の中に単身で飛び込み殴られたり蹴られたりしながらも首謀者を逮捕します。しかし、イギリス人署長は彼の功績を認めず、昇進させませんでした。命の危険も顧みず、他の警官は動けなかったにもかかわらず、功績はイギリス人の上官に与えられます。インド人はどのような功績をあげても評価されないため、不満が蓄積されていくのは当たり前です。

この映画の中では、イギリス人はインド人を人として扱っていません。主人公は部族民で、インド人からも蔑視されています。イギリス総督府での会議で、総督を狙う部族民の刺客のことを「本来、部族民は無能で、恐れるに値しない」といっています。さらに、「虫けらを退治しましょう。豚なら丸焼きがふさわしいのでは」と部族民を人間扱いしない発言が続きます。また、作中ではイギリス人がインド人のことを銃弾1発を使って殺すほどの価値もない「虫けら」と揶揄するシーンもありました。インド人に対するイギリス人の扱いは残虐で、言いがかりをつけて殴る蹴るなど、今なら人権侵害とされるようなものであったことがこの映画で表現されています。ビームもバイク修理店で、言いがかりをつけられてイギリス軍人に暴力をふるわれますが、ビームを雇ってくれている親方に迷惑がかかるため一切反撃しませんでした。また、ビームは公開ムチ打ちとなり、膝をつかなかったため公開処刑を言い渡されます（寸前でラーマに助けられ、公開処刑はされませんん）。公開処刑は、民衆に恐怖を植え付けるとともに貴族の娯楽でもありました。まさに、インドでの公開処刑は、イギリス植民地支配の圧政と権力を民衆に見せつけるものであり、映画の中でもビームのムチ打ちを見せしめにしようとします。それに対し、抗議する人々が多くいました。ちなみにイギリスでは１８６８年以降、公開処刑はされていません。

ビームとラーマは、コマラム・ビームとアッルーリ・シータラーマ・ラージュという実在の人物がモデルとなっています。実際には年代や２人はたぶん出会っていなかったことなど史実とは違います。映画では「超悪役」としてスコット・バクストンという総督とキャサリン夫人が登場しますが、どちらも架空の人物です。当時インド総督を務めていたのはチェルムスファドでした。１９１６〜21年までインド総督だった人で、強硬姿勢で臨んだことで知られています。ローラット法に反対する運動が各地で起こり、全国で暴動が発生しました。ダイアー将軍の部隊がアムリトサル虐殺事件を起こしたのは、このチェルムスファド総督のときです。映画でのスコット総督は、尊大で強烈な物言いで部下に反論を許さない人ですが、チェルムスファドは経歴もほとんどなく、実力もなく、たまたま総督になったといわれており、ガンディーへの対抗策を示すことができなかった人です。

でも、インド人も黙ってイギリス人に支配されていたわけではありません。映画の中でも何度もイギリスに抵抗するシーンがあります。先にも触れたように独立運動ではガンディーが活躍しますが、この映画ではまったく触れていません。ガンディーは、一切暴力で反撃しない手法でイギリスに対抗しています。非暴力や断食で抗議することにより、イギリスに逮捕や処罰する口実を与えないようにしていたのです。

一方で、『RRR』はアクション映画なので、「非暴力・不服従」を唱えたガンディーとは正反対に主人公2人はイギリス軍に対して『ダイ・ハード』や『ランボー』ばりに戦います。当時は、「暴力・不服従」で民族解放を目指す人たちも多くいたのです。

さて、第2次世界大戦でインドは、インド防衛関係と通常の経費以外の軍事費はイギリスが出すという条件でイギリスに協力しました。その結果、イギリスはインドに対して借金をすることとなり、経済が逆転したのです。しかし、大戦中、イギリスに対する協力や独立のしかたをめぐって国民会議派とインド・ムスリム連盟は対立をします。マイノリティであるムスリムは、イギリスに協力して勢力を伸ばそうと考えました。また、チャンドラ・ボースなど武力で独立を実現しようとする人たちもいました。

1947年8月15日インドは独立しましたが、ガンディーが望んだ形ではなく、パキスタンとインドが別の国になる分離独立でした。『ガンジー』では、国境付近のヒンドゥー教徒はインドへ、ムスリムはパキスタンへと大移動する様子が描かれています。さらにインド国内ではヒンドゥー教徒とムスリムが暴動を起こし、ガンディーが断食をしてこれを止めます。イギリス植民地支配が終わっても課題山積で、統一インドとして独立することができなかったガンディーの無念さが印象的でした。でも、ガンディーは、「独立の父」としてインド紙幣に採用されています。インドの紙幣に採用されている人物はガンディーだけです。

しかし、『RRR』でビームとラーマのモデルとなったコマラム・ビームとアッルーリ・シータラーマ・ラージュは、現在のインド人だけではなく、世界中の人たちにとってガンディーとともに独立に寄与した人物として記憶に残ったのではないでしょうか。『RRR』は、ガンディー以外にもインド独立にはたくさんの人たちががんばっていたことを思い出させてくれる映画です。

ちなみに、植民地時代のインドにはインディ・ジョーンズも訪れています。『インディ・ジョーンズ　魔宮の伝説』です。ここではイギリス軍はインディを助ける救世主として登場します。『RRR』でキャサリン役を演じていたアリソン・ドゥーディは、『インディ・ジョーンズ　最後の聖戦』にナチスの手先である考古学者役で登場しています。

第2章　カースト制

『3Idiots』（邦題：きっと、うまくいく）

インドといえば、〝カレー〟、〝ターバン〟、〝映画〟とともに〝カースト制〟を挙げる人も多いでしょう。世界史の授業で、「バラモン、クシャトリヤ、ヴァイシャ、シュードラ」という身分制度を習ったと思います。最近では、「スクール・カースト」という言葉も一般的に使われるようになってきました。

映画『3Idiots』（邦題：きっと、うまくいく、2009年）でも、成績によって序列をつけることをカーストみたいだと主人公のランチョーが指摘する場面があります。

内容は、次の通りです。10年前、インド屈指の難関工科大学ICE（Imperial college of Engineering）にそれぞれの家庭の期待を受けて入学してきたファルハーンとラージュー、そして自由奔放な天才ランチョーの3人は寮でルームメイトとなります。何をするにも一緒の3人はしばしばバカ騒ぎをやらかし、学長や秀才のチャトル等から「3バカ」と呼ばれ目の敵にされていました。「きっと、うまくいく」というモットーのもと、なんとか大学を卒業しますが、卒業と同時にランチョーは姿を消してしまいます。ファルハーンとラージューは、ある日チャトルから母校に呼び出されます。チャトルがランチョーの消息がつかめたということで、3人はランチョーを探しに行くことにします。10年前の大学生活の思い出と現代のランチョーを探す3人の旅を織り交ぜながら、やがてファルハーンたちはランチョーが実は庭師の息子で、領主の息子の身代わりで大学に行き、今は何百という特許をもち、理想の小学校を作ったことを知るのです。

さて、ランチョーは、序列を可視化することを「カースト」と表現しています。成績順に座って集合写真を撮る場面で学長の隣に座った学年1位のランチョーは「こんな所に座るのはどうも……」と言います。「何か問題でも？」という学長に対してランチョーは、「問題だらけです。まるでカースト制度だ。〝優〟は王様、〝可〟は奴隷、間違っています」と言います。学長が「他に方法が？」と聞くと、ランチョーは、「あります。貼り出すのをやめてください」と言います。ここでも順位を明確にし、競争を煽るやり方に疑問をもたない学長に、その問題の本質を鋭く指摘するのです。ランチョーは、これを「分断」と表現していますが、階層間の分断はまさにカースト制の問題点なのです。

では、まずカースト制とはいったいどのようなものかを見ていきましょう。

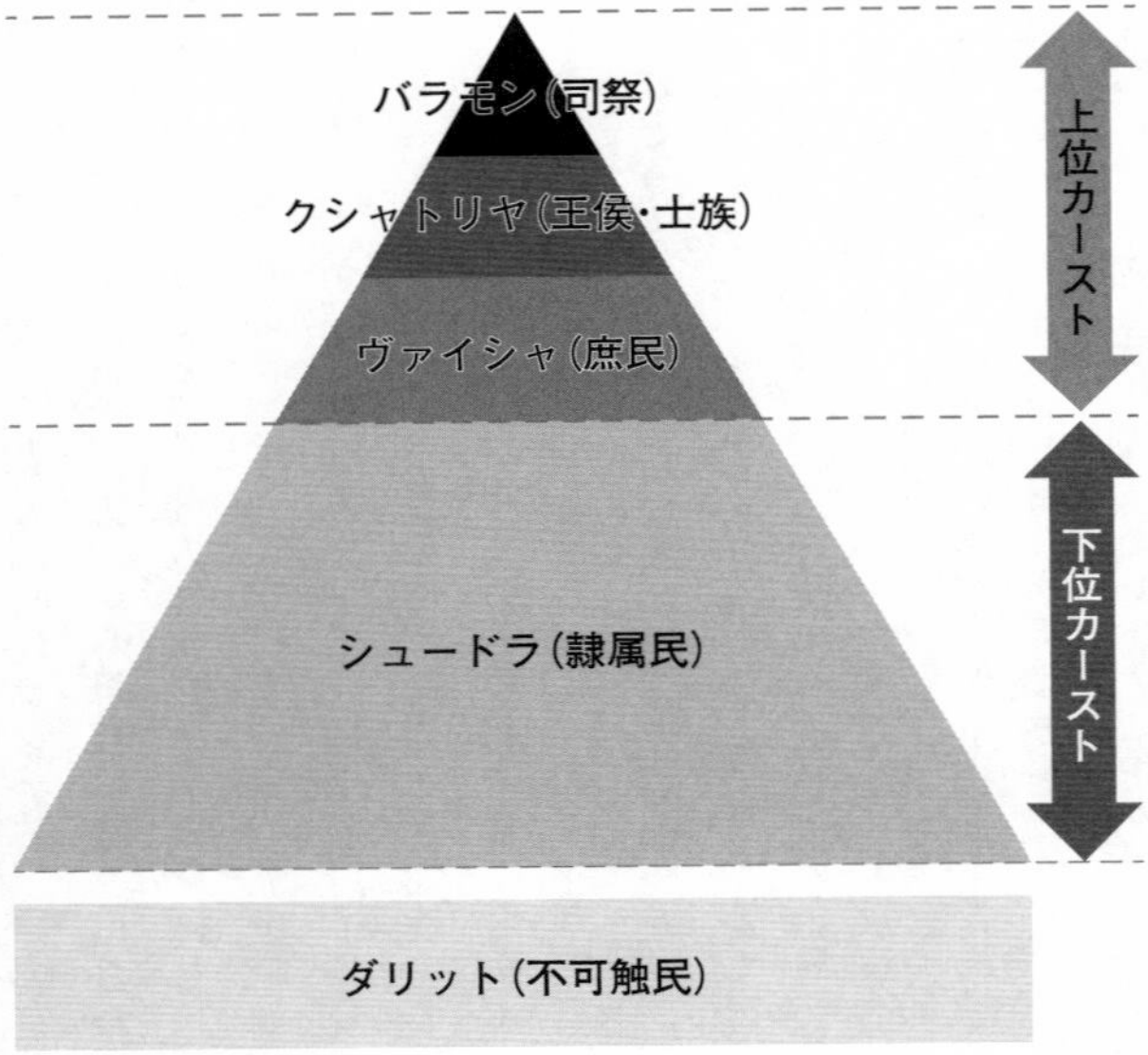
バラモン(司祭)
クシャトリヤ(王侯・士族)
ヴァイシャ(庶民)
シュードラ(隷属民)
ダリット(不可触民)
上位カースト
下位カースト

カースト構造

カースト制とは？

カースト制の「カースト」は、ポルトガル語で「種族」や「血統」を意味する「カスタ」が語源です。その実態は、サンスクリット語で「色」を意味する「ヴァルナ」と、「生まれ」「血」を意味する「ジャーティ」から成り立っています。つまり、カースト制とは、インドではヴァルナ・ジャーティ制のことを指します。この制度では、カーストは2000～3000あるといわれています。

さて、ヴァルナ制ですが、「バラモン、クシャトリヤ、ヴァイシャ、シュードラ」という、まさに私たちが世界史などで習ったカーストの4姓のことです。

ジャーティ制は、生まれにより決定されるもので、職業の世襲、同じジャーティ同士での結婚などの決まりがあります。さらに、他のジャーティとの食物の授受、共食は制限されています。逆に、食物の授受、共食をするということは、同じジャーティであることを対外的に示すことにもなります。

また、ジャーティには序列があります。「浄と不浄」というヒンドゥー教の概念にもとづいたもので、そのトップがバラモンです。序列によって食べて良いものと悪いものなどが決められていますが、上に行けば行くほど浄性が高くなり、そのため食べられるものも制限されます。たとえば、上位カーストの中には、にんにくやネギなどを制限されているカーストもあります。

カースト制は、バラモンが指導する宗教とクシャトリヤである王という二重構造の権力によって、そのシステムを発展させていきました。前世と来世、浄と不浄のようなものが見えないところで権力として機能したのが宗教で、現実世界の象徴であり、見える権力として機能したのが王です。そして、宗教が教育の役割を担うことによって、見えない権力を浸透させる役割を果たしました。

カースト制と人間関係

映画『Vanaja』（ワナジャ、2006年）は、1960年代のアーンドラ・プラデーシュの田舎を舞台とした映画で、アメリカとインドの合作です。

内容は、次の通りです。ワナジャは漁師の父と2人暮らしをしています。ワナジャは、生活が苦しいため15歳で女領主の家に奉公することになりました。女領主は、インドの古典的な踊りクチプディの踊りの名手で、ワナジャは必死に頼んで踊りを習うことを許してもらいます。ワナジャの踊りはどんどん上手になっていき、村祭りで賞金をもらいます。

ある日、女領主の息子シェカールが、アメリカから帰国します。ワナジャは、シェカールがお金の計算ミスをしたと女領主の前で指摘し、彼に恥をかかせてしまいます。そして、ワナジャは、シェカールに襲われ、妊娠します。女領主はシェカールを叱り、ワナジャに中絶を勧めますが、ワナジャは、見つからないところで男の子を出産します。子どもはシェカールの子として女領主が引き取りますが、ワナジャも子どもの側にいたいと仕事に戻ります。

この映画では、ワナジャは漁師の娘であり低カーストです。女領主の息子であるシェカールは、低カーストのワナジャと結婚することはできません。1960年代には、すでにインド憲法は施行されており、カーストにもとづく差別は禁止されています。しかし、現実では、子どもができても結婚することができないのが当たり前だったのです。そして、子どもの肌の色が黒いのをワナジャのせいにし、差別的なことを言います。肌の色がカーストの指標の1つとして、差別につながっているのです。さらに、ワナジャが洗濯物を干していると、使用人の少年が、「奥様と同じ並びに服を干すのか？」と言います。ワナジャは、「私とアンタとは階級が違う」、少年は、「へー、上流階級なんだ」と嫌みを言います。洗濯物の干し方に対して、カーストを理由に年下の少年が文句をつけているのです。

しかし、親友のラチは、バラモンの娘ですが、学校では教科書が買えないワナジャに教科書を見せてくれたり、一緒にいたずらをしたり、ワナジャを一生懸命助け、精神的な支えとなります。ラチの父もワナジャと彼女の父を助けます。このラチとワナジャには、カーストは関わりなく、純粋に友人としての関係が成立しています。一方で、シェカールとワナジャの関係は、カーストが影響しています。同じ村でもカーストを超えた友情は成立しますが、結婚はカーストを超えることはできないのです。

このように、カースト制が、村での人間関係を限定しているのですが、この映画では、カースト制に縛られない友情が成立する場合もあるという希望が描かれています。

カースト制の起源と歴史

カースト制の起源に関して、ヒンドゥー教の聖典の1つである『リグ＝ヴェーダ』によると、プルシャ（原人）から発生したとしています。プルシャ（原人）とは、世界の最初の存在で、千の頭、千の目、千の足をもち、その身体から月や太陽だけではなく神々や人間など世界のすべてが生まれた巨人です。そして、プルシャ（原人）の頭は人間のバラモン、両腕はクシャトリヤ、両ももはヴァイシャ、両足はシュードラとなった、というのが神話的なカースト制の起源です。

しかし、実際のカースト制が制度として成立するのは、紀元前1000～600年あたりです。この時代は、ヨーロッパから移動してきたアーリア人が、農耕社会を完成させた時代です。鉄器を使用することで農業の生産性は高まり、農耕従事者以外の人々の活動を可能にする経済的基盤が確立しました。政治的には、部族制度が崩れて王権が拡大し、行政制度や徴税制度が整えられつつあった時代でした。

では、カースト制の起源についてですが、諸説あります。まず、血縁集団、職能集団、民族集団などの多様な集団間での雑婚によるという説です。本来は同じヴァルナに属する者同士で結婚しなければならないのですが、混血によって様々なジャーティが生まれ、上下のランクが決まったというものです。あるいは職業重視説というのもあります。文明社会では職業が分化し、同じ職業を世襲する者たちの集合体が成立しますが、このような職者集団にカーストの起源を求める説もあります。また、人種重視説では、黒色の先住民を征服した白色のアーリア人が、自己の血の純粋性を守ろうとして決めた内婚というルールにカーストの起源を求めています。

さらに、カースト制の起源はインド＝ヨーロッパ社会にまでさかのぼるという説や、アーリア人がインドに来る前にすでにドラヴィダ人社会にあったという説もあります。いったい、どれが本当の起源なのでしょうか？　いまだに決定的なものはなく、まだしばらく論争は続きそうです。

カースト制はなぜ発展したのか？

インドはその歴史上、イスラーム勢力やイギリスによる支配などヒンドゥー以外の支配を受けました。しかしながら、その中にあってもカースト制は失われることはなく、逆に複雑に発展し、インド社会と切り離せないものとなっていったのです。では、なぜカースト制が発展していったのでしょうか？

まず、輪廻と浄・不浄という思想がカースト制を支えたということが挙げられます。輪廻とは、現世はいくつもある生の1つで、来世は現世での行いによって決まるというものです。つまり、カーストの序列は浄と不浄により決まっているため変更することができないのです。だから、今のカーストは前世での行いのせいだから上のカーストに変更することはできないので、今のカーストの義務を果たして、より良い来世になるようにしなさい、というものです。

そして、カーストは差別だけではなく、そこに救済というアイテムを織り込むことにより維持されたのです。たとえば、結婚式で花婿がそのカーストでは禁止されている白馬に乗って他のカーストからクレームが出た場合、罰金や沐浴などを行うことによって許されるといった現世での見える救済と、現世で善い行いをすれば来世では良いカーストに生まれるなどの、現世では見えない救済が用意されています。つまり、このバランスこそがカースト社会の秩序を保つ1つの要因となったと考えられます。さらにイギリスは、このシステムを利用、拡大することによって発展させ、植民地支配を巧妙に行ったのです。その結果、カースト制は他に類を見ない複雑な階級システムとして発展したのです。

ところで、インドではイギリス植民地時代の1871年から国勢調査を実施しています。このとき、出自を分類する際に重視したのが宗教です。ヒンドゥー教徒とカースト制が密接な関係があるとしてカースト調査をしたのです。しかし、この調査が、実際には最上位と最下位以外はあいまいだったカースト序列を明確にし、固定化したと指摘されています。そこで、独立後の国勢調査では、優遇措置の対象である指定カーストと指定部族以外はカースト調査をしていません。

カースト制と憲法

インドの憲法は、B・R・アンベードカル（1891〜1956）を憲法起草委員会委員長とし、1949年に憲法制定議会で採択、1950年に施行されました。

インド憲法は、第14条で法律の前の平等を掲げています。「インド領内では、何人に対しても法律の前の平等又は法律の平等な保護を否認してはならない」としており、この条文を前提としてカースト関係の条文が設定されています。

カースト関係の条文には、第15条の「宗教、人種、カースト、性別又は出生地を理由とする差別の禁止」、第17条の「不可触民制の廃止」などがあります。しかし、憲法ではカーストを原因とする差別は禁止され、不可触民制は廃止されていますが、カースト制そのものの廃止は規定されていません。

また、第16条では、「公務への雇用における機会均等」、第46条は「指定カースト、指定部族その他の弱者層に対する教育及び経済上の利益の促進」、第330条では「指定カースト及び指定部族に対する衆議院（筆者注：上院のこと）の議席保留などで弱者層の権利と利益」を守っています。（インド憲法の条文は、『インド憲法』孝忠延夫、関西大学出版部より引用）

ダリット

カーストには、カーストの序列に入れられない、カースト外の序列があります。指す範囲は若干違いますが、彼らには、不可触民、ハリジャン、指定カーストなど様々な呼び名があります。最近では「ダリット」(ダリト)と言うことが多いようです。ダリットは、インド人口の10~15%を占めます(2011年国勢調査では16・6%でした)。地域から孤立した場所に住み、井戸も寺院も別に設けられ、虐げられた生活をしています。彼らはトイレ清掃、皮革職人など不浄とされる職業についています。

さて、ダリットの中でも最も序列が低いのがトイレ清掃カーストです。1955年制定の公民権法の保護規定では、人手による汚物処理を何人にも強要することを禁じていますが、トイレ清掃カーストの待遇は一向に改善されませんでした。その後もいろいろな試みがみられ、2013年には議会が「人手による排泄物清掃人雇用禁止およびリハビリ法」を制定し、すべての人手による汚物処理を違法化し、2014年3月には、インド最高裁が、人手による汚物処理は国際人権法に抵触するという判決を下しました。

しかし、こうした動きの背景には当事者たちの積極的な抗議活動があるというのも事実です。2005年にハリヤーナー州でゴーハーナー事件というのが起こりました。これは、地主カーストが、清掃カーストであるバールミーキの集住地区を襲撃した事件です。昔なら地主カーストがねじ伏せて表面には出なかったような事件です。ダリットは、昔と違って沈黙せず、抗議活動などをするようになってきています。

カースト制と優遇・留保制度

インドでは、指定カーストと指定部族には優遇制度が適用されています。第8章で詳しく見ますが、映画『ヒンディー・ミディアム』では、この制度を利用して不正に娘を名門学校に入学させる場面があります。また、それを斡旋する人たちもいます。

インド政府は独立当初から、カーストにもとづく差別を憲法で禁止し、カースト差別を是正する「留保制度」の措置をとってきました。たとえば、カーストが低い人たちには一定割合の優先枠を設け、大学に入りやすくしたり、公務員になりやすくしたりしています。

社会的に差別されてきた人、または現在も差別されている人たちを優遇すること自体は必要なことです。しかし、その一方で、逆に差別を受ける人たちもいます。たとえば同じ点数を取っても、高カーストは不合格、低カーストは合格ということがあるのです。高カーストにとっては不利な制度となってしまい、高カーストの不満が高まっています。

現代のカースト制

映画『Sarvam Thaala Mayam』（邦題：響け！ 情熱のムリダンガム、２０１８年）では、インド伝統の古典楽器ムリダンガムを習いたいけれども、なかなか習えない、習ってもいろいろな障害にぶつかる若者を通してカースト差別が描かれています。

内容は、次の通りです。チェンナイで暮らすムリダンガム職人の息子ピーター・ジョンソンは、著名なムリダンガム奏者ヴェンブ・アイヤルの演奏に感動します。ピーターは、根気よく嘆願して弟子入りを許されます。ヴェンブの助手マニからは執拗な嫌がらせを受けるピーターですが、ヴェンブから才能を認められ、彼のお気に入りとなっていきます。しかし、ヴェンブからテレビなどに出演することを禁止されているにもかかわらず、ピーターはだまされて音楽リアリティ番組『音楽の帝王』に出演してしまいます。しかも、審査員をしていたマニがヴェンブを侮辱したため、ピーターは、激怒して彼を殴り、暴行事件として報道されてしまいます。ヴェンブから破門されてしまったピーターは、いろいろな打楽器を学ぶために旅に出ます。一方で、時代遅れの考え方をするヴェンブの元からは弟子が次々と離れていきます。妻からは時代に合わせて考え方を変えていかなければ、音楽の知識を次世代に伝えることができないと言われます。そこで、ヴェンブは、ピーターの破門を解き、『音楽の帝王』で優勝するように告げます。ピーターは各地で学んだ音楽を取り入れた独自のスタイルでムリダンガムを弾いて観客の心をつかみ、優勝します。ヴェンブは自分の教えを守りつつも、新しい音楽を形作ったピーターの才能を認め、「自慢の弟子だ」と彼を称えます。

この映画で描かれているのは、インド伝統音楽の打楽器ムリダンガムの奏者を目指す青年の奮闘です。しかし、主人公のピーターは、ヤギ、牛などの皮を使ってムリダンガムを作る職人の息子です。ピーターが、ヴェンブに弟子入りしようとした際に、マニに「ここは寺院だ」「学校はお前のようなものを優先してくれる」などと言って、弟子入りどころか、ヴェンブの住まいにも入れさせてくれませんでした。そして、父親も「職人の子が演奏をしてはいけない。カルナータカの伝統音楽を演奏してはいけない」とピーターに言います。カルナータカとは、南インドの伝統音楽のことです。演奏者と楽器職人は違うカーストで、皮革を扱う職業は不可触民とされています。不可触民は触れたり、見たりするだけで不浄になるとされ、動物の解体や清掃などの労働にしかつくことができず、道路や飲み水も一般カーストのものは使うことができなかったのです。ピーターが父の故郷に一緒に行ったときに、チャイ屋は、ガラスのコップがあるにもかかわらずプラスチックのコップを使いました。寺院への立ち入りや身体的接触も忌避されているのです。

父親の故郷は、楽器を作る村ですが、ここでのミュージカルシーンでピーターや村人たちは「いつになったら身分差別がなくなるのだろう」と歌います。しかしながら、最初は、不可触民として演奏者の道を閉ざされていたピーターは、旅を通していろいろな音楽を学ぶうちに、自分の演奏スタイルを作り出していきます。そして、演奏者になることによって、カースト差別を乗り越えていったのです。

現在は、この映画のようにカースト固有の仕事に携わる人は、そう多くありません。市場経済が普及したことにより、以前は職人カーストが作っていたものが、機械によって生産されるなど、技術的、社会的、経済的な変動が起きたためです。

浄・不浄観念自体は相変わらず存在していますが、緩くなりつつあります。しかしながら、結婚に関しては、昔よりは自由になってきているとはいえ、いまだにカーストが意識されることが多いのです。やはり、ダリットとの結婚は、上位カーストだけではなく、低位カーストからも忌避されています。

コラム：アンベードカルとはどんな人？

日本では、あまりなじみのないアンベードカルですが、インドでは、イギリスからの独立後の最初の内閣であるネルー内閣の法務大臣であり、インド憲法の起草責任者であり、ヒンドゥー教から仏教への集団改宗の主導者としても有名です。

ビームラーオ・アンベードカルは、不可触民のコミュニティに生まれました。コロンビア大学とロンドン大学の博士号と弁護士資格を取得しました。1920年代後半から不可触民に対する差別に反対する運動が政治問題化しましたが、アンベードカルはその運動の指導者となります。また、彼は、不可触民差別に敢然と立ち向かい、不可触民に使用を禁じられている道路や貯水池の水の使用を開放せよ、という反バラモン運動を展開しました。『RRR』でラーマとビームがイギリス総督府と闘っていた時代ですね。

インド独立後は法務大臣となり、インド共和国憲法起草委員会委員長としてインド憲法の原案作成に当たりました。彼は、ヒンドゥー教のままでは不可触民差別はなくならないとして、1956年に数十万の不可触民とともに仏教に集団改宗したのです。

第3章　インド映画の世界

世界で一番映画を制作しているのはインドです。年間制作数を見るとアメリカは2017年で660本ですが、インドは2016年には1986本です（「世界の統計2023」総務省統計局）。なぜこのようにたくさんの映画を制作しているのでしょうか。

1つは、映画のチケット代が安く、庶民の娯楽だからです。1990年代あたりは単館上映の映画館があちこちにあり、お茶やジュースを飲むぐらいの値段で映画を観ることができました。ただし、近年はインドの経済成長もあり、どんどんシネコン（大型映画館）に変わっています。シネコンは、従来の映画館よりも高く、ちょっとしたディナーぐらいの値段です。平均チケット価格は0・81米ドル。日本の平均チケット価格は12・77米ドルなので、いかにインドの映画チケット価格が安いかがわかります。

他の理由としては、インドが多言語国家である点が挙げられます。ヒンディー語、タミル語、テルグ語、カンナダ語、ベンガル語など、それぞれの地域ごとに映画を制作するため、映画の本数が増えるのです。日本で上映される映画も『ムトゥ踊るマハラジャ』はタミル語、『RRR』はテルグ語、『きっと、うまくいく』はヒンディー語、というように同じインド映画といっても、もともとの言語は違うのです。

ところで、インド映画では踊るシーンがいくつか入っていることが多いです。これは、

本書に登場するインドの州・都市・言語(『インド映画完全ガイド』〈世界文化社〉の地図を参考に作成)

『Om Shanti Om』（邦題：恋する輪廻 オーム・シャンティ・オーム）

多言語国家のインドでは、言葉よりも踊る方が観客にわかりやすいのと、ラブシーンではキスをするのが忌避されるので、代わりに情熱的に踊って愛情を表現するためです。そもそもインドの演劇論では踊りも演劇の一部なのです。

映画一族の活躍

『Om Shanti Om』（邦題：恋する輪廻 オーム・シャンティ・オーム、2007年）は、インドの国民的大スターであるシャー・ルク・カーン主演の大作で、2007年にインドで興行成績トップとなりました。

ストーリーはこのようなものです。1977年のボンベイ（現ムンバイ）でエキストラ俳優の両親のもとに生まれた青年オームは、スターを夢見る脇役俳優でした。女優シャンティに淡い恋心を抱いていますが、遠くから眺めるだけ。でも、撮影現場の事故からシャンティを救出したことがきっかけで、オームは彼女と急接近します。しかし、実は彼女は売れっ子プロデューサーのムケーシュと結婚し、妊娠していたのです。更なる成功を求めるムケーシュは、彼女が邪魔になっていました。そこで、シャンティを映画のセットに呼び出し、燃え上がる部屋に閉じ込めて殺します。オームが現場に駆けつけ、救出しようとしましたがセットは爆発。爆風で吹き飛ばされたオームは、映画スターのカプール夫妻の車に轢かれ、病院で息を引き取ります。しかしそのとき、カプールの妻が男児オーム・カプールを出産しました。30年後、オーム・カプールは超人気俳優になっていました。ある映画賞の授賞式でオーム・カプールはムケーシュと出会い、前世の記憶が戻ります。母や親友パップーと再会し、手助けしてもらい、復讐のために、事件で中止となった「オーム・シャンティ・オーム」の制作をふたたび開始します。すると、そのオーディションにシャンティそっくりの女優サンディが現れ、復讐計画は実行されます。

この映画では、過去と現在の映画界を舞台にしています。30年前のオームの名前は、「オーム・プラカージュ・マッキージャ」です。「オーム」は祈りの言葉で、「プラカージュ」は光、「マッキージャ」はハエという意味です。友人に「その名前ではだめだ。名前はクマールかカプールがよい」と言われます。なぜなら、インドの映画界では、「クマール」、「カプール」は多くの映画人を輩出している家系だからです。これらの一族からは俳優だけではなく、監督、脚本家、プロデューサーなどの映画関係者を多く輩出しています。

たとえば、カプール一族を例に見てみましょう。女優のカリーナ・カプール、カリシュマ・カプールの祖父は、監督・俳優・プロデューサーのラージ・カプール、俳優ランビール・カプールの父は俳優リシ・カプールで祖父はラージ・カプール、曾祖父は俳優プリトヴィーラージ・カプールです。俳優のアニル・カプールは父が映画プロデューサー、アニルの娘は女優のソーナム・カプールです。

このようにカプール一族は2世、3世と映画界に人材を送り出している名門です。ここで取り上げたのは俳優・女優ですが、他にも監督、脚本家など広く映画関係の仕事についています。その人脈は映画界では多岐にわたり、カプール一族に所属していることが映画界では大きな強みとなっています。『恋する輪廻』でもカプール一族に生まれるのと生まれないのとでは大違いだとされているのはもっともなことです。カプール一族であると俳優・女優としてのデビューも有利なのです。30年前のオームはそのチャンスすらなかったのです。

カプール一族以外にも、『RRR』でビーム役のNTR.Jrの父はナンダムーリ・ハリクリシュナ、祖父は俳優・監督・政治家のN・T・ラーマ・ラオです。彼はテルグ語映画で最も有名な俳優ともいわれるのと同時にアーンドラ・プラデーシュ州首相も務めた大物政治家でもありました。

ラーマ役のラーム・チャランの父も俳優チランジーヴィです。ラーマの父役のアジャイ・デーヴガンは、父はアクション監督、母はプロデューサーです。さらに、アジャイの妻カージョルは、父は映画監督で母は女優タヌージャー、叔母も女優ヌータン、女優のラーニー・ムケルジーは親類です。また、『きっと、うまくいく』のアーミル・カーンは伯父ナシル・フセインの映画で子役デビューしました。

しかしながら、『恋する輪廻』の主演のシャー・ルク・カーンは映画一家の出ではなく、テレビドラマからキャリアを始め、映画へと進出した逸材です。この映画のプロデューサーはシャー・ルク・カーンの妻であるガウリーで、映画一族の出身でない苦労をよくわかっています。「その名前ではだめだ。名前はクマールかカプールがよい」という台詞には映画一族出身でないシャー・ルク・カーンをはじめとする映画人、または映画界を志望する人々の悲哀と苦労、願望、そして皮肉が込められています。

そして30年後カプール家に生まれ変わったオームは大スターとなりました。オームが主演男優賞をもらった後のパーティーで、彼は「もし僕が父さんの息子でなかったら、僕はただのオームだった。名声や地位もなかった。トロフィーの代わりに手には酒瓶を握ってた」といいます。まさに30年前はその通りだったのであり、努力と運と実力でスターとなったシャー・ルク・カーンの本音なのではないでしょうか。

もちろん、カプール一族に生まれたというだけで、映画界で活躍することができるというわけではありませんが。

インドを代表する映画界

2016年の言語別の映画制作本数を見ると、ヒンディー語は364本で全体の18%、タミル語が304本で15%です。売上の割合では、ヒンディー語が5・65億米ドルで全体の43%、タミル語が2・5億米ドルで19%、テルグ語が2・18億米ドルで17%です。

興行収入は、ヒンディー語34%、テルグ語25%、タミル語16%でした。ヒンディー語が占める割合は、新型コロナウイルスの前は2018年39%、2019年43%、パンデミック以降は2020～21年28%となっています。

ヒンディー語映画は、制作本数も興行収入も下がってきています。それに対し、テルグ語やタミル語映画が制作本数も興行収入も伸びてきています。南インドのほうが元気なのです。

そして、２０２２年7月までの国内興行収入トップ10の映画タイトルは下記の通りです。

1位『バーフバリ2』（２０１７年　テルグ語・タミル語）
2位『K.G.F: Chapter 2』（２０２２年　カンナダ語）
3位『RRR』（２０２２年　テルグ語）
4位『2.0』（２０１８年　タミル語）
5位『バーフバリ』（２０１５年　テルグ語・タミル語）
6位『ダンガル　きっとつよくなる』（２０１６年　ヒンディー語）
7位『Tiger Zinda Hai（タイガー　ジンダ　ハイ）』（２０１７年　ヒンディー語）
8位『PK』（２０１４年　ヒンディー語）
9位『Sanju（サンジュ）』（２０１８年　ヒンディー語）
10位『バジュランギおじさんと、小さな迷子』（２０１５年　ヒンディー語）

上位は南インドの映画が占めています。『バーフバリ』や『RRR』は、日本でも大ヒットしています。ここ数年のインド映画人気を牽引しているのは南インド映画だということが、このランキングからもわかります。

また、「2022 - Indian Films Box Office Report」(https://www.imdb.com/list/ls533956378/)によると、2022年のインド映画の全世界興行収入トップ10は以下の通りです。

1位『RRR』(テルグ語)
2位『K.G.F: Chapter 2』(カンナダ語)
3位『Ponniyin Selvan: I』(タミル語)
4位『Brahmastra Part One: Shiva』(ヒンディー語)
5位『Vikram』(タミル語)
6位『Kantara』(カンナダ語)
7位『Drishyam 2』(ヒンディー語)
8位『The Kashmir Files』(ヒンディー語)
9位『Bhool Bhulaiyaa 2』(ヒンディー語)
10位『Beast (II)』(タミル語)

この順位を見ても南インド映画が全世界でヒットしていますね。それではなぜ、南インド映画がヒットしているのか、言語ごとの映画界から見ていきましょう。

ヒンディー語映画(ボリウッド)

インドの中西部マハーラーシュトラ州の都市ムンバイを拠点とするヒンディー語の娯楽映画産業のことを「ボリウッド」といいます。ハリウッドをもじったもので、ムンバイの旧名ボンベイから名付けられています。

シネコンが普及し、経済成長で中間層が拡大していくことで、中間層だけをターゲットとして映画で採算がとれるようになりました。そして、教養がある中間層向けの作品が主流となっていきました。シネコンは単館よりもかなりチケット代が高いのですが、中間層向けのやや知識を必要とする作品が多いため、それまでボリウッドを支えていた大衆層は地方言語の映画に流れていきました。

しかし、『Ghajini』(ガジニ、2008年)以降、南インド映画をボリウッドでリメイクすることが流行しました。『ガジニ』は、英米作家ジョナサン・ノーランの短編小説を映画化した米映画『Memento』(2000年)のタミル語リメイク『Ghajini』(2005年)のヒンディー語リメイクです。ちょっとややこしいですね。

ボリウッドの代表作品は、『きっと、うまくいく』や『恋する輪廻　オーム・シャンティ・オーム』などたくさんあります。

タミル語映画(コリウッド)

インド南部タミル州チェンナイを拠点とするタミル語の映画産業のことを「コリウッド」といいます。

代表作は、『ムトゥ踊るマハラジャ』や『ボンベイ』です。日本でインド映画が多くの人に知られるようになったきっかけの作品は『ムトゥ踊るマハラジャ』ですが、ヒンディー語ではなく、タミル語の映画だったのです。主演のラジニーカントは、やや中年太りで決してカッコ良いというわけではないのですが、なぜか観ているうちにカッコ良く見えてくるという不思議な俳優です。ヒロインのミーナもぽっちゃり系ですが、目がパッチリとしたきれいな女優です。この2人に代表されるように、タミル語映画だけではなく、南インドの映画俳優・女優はぽっちゃり系の人が多いのです。ボリウッドの俳優さんはムキムキに鍛えている人が多いので、対照的ですね。

テルグ語映画（トリウッド）

チェンナイの北側に位置するテランガーナ州ハイデラバードを拠点とするテルグ語で制作する映画産業のことを「トリウッド」といいます。映画制作本数は、２００５年からはヒンディー語映画と首位を争っていますが、近年はテルグ語が首位をキープしています。州政府の協力でハイデラバード郊外に世界最大規模の撮影所が作られ、州を挙げて映画産業を応援しているため、資金や利便性など映画制作の環境が整っています。

さて、テルグ語映画の特徴は、バイオレンスを好むことです。そして、神話や民話が人気なのも特徴です。バイオレンスと神話、『ＲＲＲ』はまさにこれらをベースとした映画です。しかも、ビーム役のNTR.Jr の祖父Ｎ・Ｔ・ラーマ・ラオは、様々な映画で神様を演じていました。神様を演じるのですから、それにふさわしいルックス、優雅さ、格調高いテルグ語を話すことができる俳優でなければなりません。部族の守護者にして神が憑依したような活躍をするNTR.Jr は、まさにビームを演じるのにふさわしいですね。

そして、バイオレンスにはヒーローと悪役という構図がよく用いられます。正義の味方と悪人という構図は、誰が観てもわかりやすいですね。『ＲＲＲ』でのインド総督とキャサリン夫人の冷徹な悪役ぶりとビームとラーマの正義のヒーローは、まさにテルグ語映画の王道といえるでしょう。

テルグ語映画の代表作は、もちろん『RRR』ですが、他にも『バーフバリ』などがあります。

映画学校

韓国には1984年に設立された国立の韓国映画アカデミー、中国には北京電影学院がありますが、インドにも、映画に携わる人たちを養成する教育機関があります。

インドの国立や州立のフィルム専門学校・専門教育機関は、マハーラーシュトラ州のプネー、タミルナードゥ州のチェンナイなどにあります。プネーはムンバイから約148kmの位置にあり、チェンナイはタミル語を公用語とする地域です。国立や州立のフィルム専門学校・専門教育機関は、映画産業が盛んな地域に設立されているのです。

プネーの国立インド映画・テレビ専門学校は、インド中央政府情報放送省が管轄している学校で、1960年に開設されました。監督専攻・演技専攻など8専攻の映画学科、ビデオ編集専攻など4専攻のテレビ学科が設置されています。インドは、政府が映画やテレビといった映像産業を早くから重視していたのです。出身者には、女優シャバーナー・アーズミー、シャカー・バッチャン、俳優オーム・プリーらがいます。

タミルナードゥ州立・MGRフィルム・テレビジョン・インスティテュートは、1960年に映画技術専門学校として出発しました。ダイレクション・脚本など5専攻で、当初はタミルナードゥ州の出身者だけを受け入れていましたが、現在ではインド全国から受け入れています。出身者には、俳優ナーサル、女優アルチャナーなどがいます。

かつては南インド映画商業会議所が開設した学校もありました。演技に特化した学校で、タミルナードゥ州立・MGRフィルム・テレビジョン・インスティテュートがタミルナードゥ州の出身者だけしか受け入れていなかったとき、その学校では南インドの他州の出身者も受け入れていました。

しかし、調整の結果、タミルナードゥ州立・MGRフィルム・テレビジョン・インスティテュートが南インドの他州出身者も受け入れることになったので、6年で閉校となりました。出身者には、俳優ラジニーカント（カルナータカ州）やチランジーヴィなどがいて、わずか6年しか開校していなかったにもかかわらず、南インド一有名な俳優を育てたのです。ラジニーカントは、バスの仕事をしていましたが、友人たちがお金を工面してくれて学校に入学できたというエピソードはインドでは大変有名です。

他にもコルカタでは国立フィルム・インスティテュートが1995年に開校し、ダイレクションと脚本、シネマトグラフィ、オーディオグラフィ、編集の4分野があります。古くは1959年にインド文化省が国立演劇学校を設立し、女優や俳優だけではなく、多くの映画関係者を輩出しています。また、私立のフィルム・インスティテュートや大学にも映像メディア関係の学科が設置されています。

このように、映画界を支える教育機関は、国立・州立の映画学校だけではなく、私立学校や大学なども多くの優秀な人材を輩出しています。

映画は、世界中でヒットするインドの代表的なコンテンツとなっています。昔から映画制作は盛んだったインドですが、マニアックな人が好む、という印象があり、なかなか世界に受け入れられる作品はありませんでした。しかし、映画に関する教育機関の充実が、現在、インド映画が世界でヒットする一因となっているのかもしれません。

コラム：映画観賞マナー

日本では、上映中にスマートフォンを使用したり、話したり、騒いだりしてはいけないというのがマナーです。上映前に映像や係員が諸注意をすることもありますね。

しかし、インドでは、上映中にスマートフォンで電話したり、拍手や歓声、といったリアクションをとることが普通です。観客が一体となって映画に入り込み、喜怒哀楽を共有します。主人公が悪者を退治する場面などは、みんな興奮して主人公を応援します。

ハリウッド映画を観るときでも同じです。『タイタニック』の、レオナルド・ディカプリオ演じるジャックがけんかするシーンでは、みんなディカプリオを全力で応援していました。女性に人気の俳優さんの登場シーンでは、女性は「きゃ～」といって大感激します。従来の映画館では、停電で上映がストップすると足踏みなどをして再開するまで大騒ぎです。

現地でバッドエンドのインド映画を観たとき、館内が静かだったのでおかしいな、と思ったのですが、館内が明るくなったとき、その理由がわかりました。周りの女性たちがみんな泣いていたのです。私は結末に納得することができず、悶々としていたので、周りの女性たちの「映画を楽しんで、入り込む」という純粋さに心打たれました。体全体で映画を楽しんでいるインド人。一度、本場インドでインド映画を観ると違う見方ができるのでは？

第4章　恋愛と結婚

インドでは、恋愛も結婚も日本以上に重要です。なぜなら、インドにはヒンドゥー教とカースト制があるからです。ヒンドゥー教では結婚は義務とされています。しかし義務だからといって誰とでも結婚してよいというわけではなく、カースト制によって結婚することができる範囲が決まっています。しかも、なかなか離婚はできません。人口世界一のインドでの恋愛と結婚はとても大変なのです。

恋愛事情

インドでは、日本のように気軽に恋人を探したり、デートしたりすることはできません。まず、お見合い結婚が基本なので、恋人を作ってから結婚する恋愛結婚はまだ主流ではありません。しかも、「お見合い」といっても、親や親戚がアレンジしているため、ほぼ断ることはできません。都市部では自由恋愛が少しずつ増えてきているようですが、なかなか結婚にはつながらないようです。映画の中では自由に恋愛して結婚する物語がたくさんあっても、実際は難しく、まさに夢物語といったところでしょうか。

そのため、インドでは、日本のように恋人同士で手をつないだり腕を組んだりして公然とデートすることはあまりできません。よく男同士で手をつないだり腕を組んだりして歩いていますが、恋愛関係ではなく友だち同士です。都会ではデートをしている男女を見かけることもありますが、結婚を前提としない恋人同士のデートはなかなか難しいのです。

さて、『Hum Dil De Chuke Sanam』（邦題：ミモラ　心のままに、1999年）という映画では、恋愛の相手とお見合いの相手との間で揺れるヒロインを描いています。ストーリーは次の通りです。高名な声楽家を父にもつ18歳の令嬢ナンディニは、イタリアからインド音楽を学びに来た明るくお調子者のサミルに初めのうちは反発しますが、恋に落ちてしまいます。しかし、弁護士ヴァンラジもナンディニに恋をし、両家の間には縁談がもち上がります。サミルは、ナンディニとの関係のことをナンディニの父に話そうとしますが、2人で抱き合っているところを見つかり、帰国させられます。そして、ナンディニはヴァンラジに嫁がされます。サミルを忘れられないナンディニの心を知ったヴァンラジは、「僕の愛は自分の幸せよりも愛する人の幸せを望んでいる」と気づき、彼女を連れてイタリアにサミルを探しに行きます。ようやくサミルに出会えた2人ですが、結局、ナンディニが選んだのはヴァンラジでした。ナンディニは、「あなたは愛を教えてくれた。だが、夫は愛を育むことを教えてくれた」とサミルに告げるのでした。

この映画では、ナンディニを1994年のミス・ワールドのアイシュワリヤー・ラーイ、サミルを3大カーンの1人サルマーン・カーン、ヴァンラジを『RRR』でラーマの父役をしたアジャイ・デーヴガンが演じています。豪華な出演陣ですが、アイシュワリヤーの初々しさと美しさも映画の見どころの1つです。

ところで、ナンディニの家族は、家長を中心とする家父長制という伝統的家族形態で、そこに伝統的価値観の基盤となる設定がなされています。このような家庭の中でナンディニの親類の娘が、「私も凧になれたらいいのに」と言います。それに対し、ナンディニの母は「娘は皆、凧よ。結婚したら夫が運命の糸をにぎる」と言っています。また、サミルと抱き合っているところを父親に見つかったナンディニに母親は「勝手に愛する自由はない。家の慣習なのよ」と言います。さらに、ナンディニは「結婚を自分で決めるつもり?」と責めるおばに「私の結婚は私のものよ」と答えるのです。おばは「ずいぶん偉そうなことを言うものね」と皮肉を言うのです。

これらのセリフからインドの恋愛と結婚の事情がよくわかります。インドの伝統的慣習

『Hum Dil De Chuke Sanam』
(邦題:ミモラ　心のままに)

では、親による結婚のアレンジは当たり前です。インド映画にも外国映画にも自由恋愛で幸せになるストーリーがたくさんありますが、現実は、親の用意した相手と結婚する人が多いのです。ナンディニも、自分の幸せを自分自身でつかむことを目指し、サミルと恋に落ちましたが、結局はインドの伝統的価値観から抜け出ることはできなかったのです。若者世代は、恋愛による幸せを求めつつも伝統的な慣習に従うことを選ぶ人がまだまだ多いのです。

しかしながら、この映画では、最後に恋愛を象徴するサミルと伝統的結婚を象徴するヴァンラジのどちらを選択するかをヒロインの意志に委ねています。決して伝統的結婚で妥協したのではないのです。真実の愛に気づくことによって伝統的価値観や慣習を否定するのではなく、その中でも幸せになることができるということを示しています。これは、現実世界で自由に恋愛することができない若者たちにとって、1つの恋愛の形なのです。

このように、伝統的価値観と現代的価値観の間で揺れ動くナンディニは、現代インドの女性の心とともに社会を反映しています。経済が発展するにつれてインドには外国からいろいろな文化が流入してきています。そこで、伝統的価値観と対立するような現代的価値観をもつ人たちが出てきました。現代のインドは、伝統的価値観を保持する人々と新しい現代的価値観を歓迎する人々、あるいはどちらも選択できずに葛藤する人々が共存する社会なのです。

また、女性の地位と役割に対して一族の中でも対立します。伝統を守るナンディニの一族ですが、女性たちの中には個人主義的価値観をすでにもっている者もいます。そこに現代的価値観が流入することによって、価値観の転換が行われていきます。しかしながら、結局は伝統の中にその良さを見いだしていくのです。インド社会は、都市を中心に価値転換が急速に行われてきていますが、伝統の中にその良さがあることをこの作品は示しているのです。

そして、『きっと、うまくいく』でも、ヒロインのピアが、お見合い相手とちょっと気になるランチョーとの間で揺れます。様々な出来事の中で2人は相思相愛だということは伝わってきますが、ピアとランチョーは2人きりで出かけたりはせず、デートをするシーンもありません。酔っ払ったランチョーがピアの部屋に忍び込んでちょっとしたイチャイチャはありますが。

しかし、ピアは、ランチョーが大学卒業後、行方不明になったことからお見合い相手と結婚しようとします。すんでのところでランチョーの友人たちが機転を利かせてピアをランチョーのところへ連れていきます。

最後は2人のキスシーンで終わりますが、従来のインド映画ではほとんどキスシーンはありませんでした。伝統的にキスシーンは映さず、口が映らない角度から撮影したり、踊りのシーンで密着したダンスをしたりしてキスシーンの代わりにしていました。今では唇が触れ合うぐらいは大丈夫です。キスシーンが許容される社会となったのですね。

さて、この映画では、『ミモラ』とは反対に、恋愛結婚のほうが選ばれます。ランチョーは、教育やカースト制などに対してかなり新しく自由な考え方をする人です。ランチョーはピアに「婚約者に会ったとき風が吹き抜けたか？」と聞きますが、ピアは「そんなの映画の中だけよ」と言います。伝統や慣習よりも恋愛感情を優先するランチョーに対し、ピアは、ストレートに恋愛結婚は非現実的であり、ファンタジーだということを表現しています。結婚には伝統的価値観が残っており、自由な恋愛はまだまだ浸透していないのがわかります。ピアの言葉は、現実を諦めながらも受け入れているインド女性の代弁といえるでしょう。

相手探しと相手の条件

では、インドではどのようにして相手を探すのでしょうか?

ヒンドゥー教の聖典の1つの『マヌ法典』では、宗教上の儀式を行うことで生まれ変わることのできるバラモン・クシャトリヤ・ヴァイシャといった再生族は同種姓の妻をめとること、欲望によって結婚する場合の規定、結婚してはならない親族の範囲、妻をめとる際にはたとえ栄えた家庭でも避けなければならない家庭、カーストによる結婚形式など婚姻に関する規定は62もあります。62もの条件をクリアして結婚相手を見つけるのは、インターネットなどがなかった時代にはとても大変だったことが想像に難くないですね。実際、ネット社会の現代でも実行するのは大変難しいのです。

しかし、『マヌ法典』の結婚の条件は理想とされ、カースト制にもとづく結婚はいまだに健在です。

『マヌ法典』では、シュードラとの結婚に関して、本人だけでなく一族をも含めた堕落に導く連帯責任とされています。このような戦略をとることにより、結婚は一定の安全装置として機能しているのです。逆に正しい結婚を行ってもうけた子は、祖先や子孫を救うとしています。

結婚は、一定の規制をすることにより、結婚によるカーストの秩序を維持しようとしています。さらに「姦淫の罪」の規定では、低い階級の男子に求婚する婦人は家に幽閉しなさい、再生族の女性と情交を結ぶシュードラの男子は財産没収、場合によっては命を失うこともあるとされています。そして、監督・保護されているバラモン婦人に対する情交に関しては、再生族であるヴァイシャ、クシャトリヤであっても入獄や罰金を課せられるとしています。これは、女性は移り気で薄情だから夫にそむくものであるとし、女性の貞操と浄性を確保することにより男性の浄性を保障し、その子の出自を確かなものとするシステムとされています。

また、夫婦の年齢は、20歳の男子は12歳の少女と結婚するのが理想であり、妻は純潔でなければいけないとされます。そのため、娘をもつ親は、娘が小さなうちに婚約者を探しますが、中には幼いうちに結婚させてしまう親もいます。幼児婚は禁止されていますが、完全にはなくなりません。初潮が訪れる前に夫が亡くなり、4歳で未亡人ということもあります。ヒンドゥー教では再婚が難しいので、小さなうちに未亡人になってしまうと、その後の人生に大きな影響があります。

さて、『マハーバーラタ』は、一般のヒンドゥー教徒にとって『マヌ法典』よりも身近なものとして広く浸透している大叙事詩です。インドではドラマ化もされています。1988年10月から1990年6月までで全94話放送され、最高視聴率は90％以上でした。まだテレビ保有率が低かったとはいえ、それだけ人気があり、インド人は大好きな話なのです。

その『マハーバーラタ』によると、バラモンは、下位婚であってもシュードラの女とは結婚してはならず、再生族との結婚が義務とされます。財産分与についてもシュードラの妻の息子は相続者として認められていません。このようにシュードラが低く見られる原因は、シュードラの女の体は死体同様不吉だからであり、上位カーストの女性が低いカーストの男との間に作った息子は4カースト外の存在とされます。『マハーバーラタ』では、他にもカースト間の混交について職業や居住地などの例を挙げつつ、その禁忌の理由を述べています。

このような古典からの影響で結婚に対する考え方がインドの伝統的価値観となって、お見合い婚が定着しているのですね。お見合いなら『マヌ法典』や『マハーバーラタ』に挙げられた条件に合う相手をアレンジすることになります。さらに、宗教やベジタリアンなど食事のルールなども考慮しなければならないので、相手探しは非常に難しいのです。

では、現代ではどのようにして相手を探しているのでしょうか？　親や親戚が探してくるとともに、新聞・雑誌、最近ではインターネットのお見合いサイトが普及しています。カースト、宗教、学歴など多くの個別サービスがあり、肌色、髪色、眼色、身長、年収などいろいろな条件からコンピュータが最適な相手を探します。また、マッチングアプリも多くの人が利用しています。

相手が見つかったら、星占いで相手との相性などを見てもらいます。インド人は星占いが大好きな人が多く、人生の大事なときには占ってもらうのです。

結婚事情

さて、結婚相手が見つかっても、次に待ちかまえているのが持参財（ダウリー）の問題です。持参財とは新婦側の家が新郎側の家に金品を贈答するというもので、1961年の持参財禁止法制定以来、禁止されている慣習です。『きっと、うまくいく』でも、ランチョーの友人であるラージューの姉が自身の結婚の話が進む中で、花婿が車を要求していると言って、母親やラージューが嘆くシーンがあります。

持参財は法律で禁止されているにもかかわらず、現実問題としていまだに娘をもつ親を悩ましているのです。ヒンドゥー教では、娘を結婚させるのは親の義務なので、娘はなるだけ早く結婚させなければなりません。

しかし、伝統として高額の持参財をもたせなければなりません。持参材による家計の圧迫は「マハラジャでも3人娘がいると破産する」といわれるほどです。持参財は、花婿側が花嫁側に要求しますが、スクーターや電化製品など年収の3倍になる場合もあります。しかも、嫁いだ後も要求され、花嫁が病気になったら治療費を実家に請求する場合もあります。

高額な持参財を用意できなかった場合や不十分な場合は破談になったり、結婚後に花嫁が殺されたりします。インドでも社会問題となっていますが、警察はきちんと捜査しないことも多く、家庭内事故とされてしまうのです。

また、『ミモラ』では、ナンディニの従妹アンヌは、夫の暴力に耐えかねて嫁ぎ先から逃げ戻っても、「娘の結婚は父親が決める。結婚後は女は身も心も夫のもの。一族の慣習だ」と一族の家長であるナンディニの父に言われてしまいます。夫の暴力さえ逃げ戻る理由として認められず、ただひたすら我慢することを要求されるのです。現代インドでも社会問題となっていますが、映画ではナンディニたちが手助けしてアンヌは好きな人と駆け落ちするという解決策を提示しています。親に結婚を反対された恋人同士が駆け落ちすることは現実社会でもありますが、親や親戚に見つかって殺されてしまうこともあります。これを名誉殺人といいます。ここでいう「名誉」は、親や親戚の名誉です。

さて、インドの結婚を描いた映画には『Monsoon Wedding』（モンスーン・ウェディング、２００１年）という作品もあります。この映画は、ミーラー・ナーイルが監督で、第59回ゴールデングローブ賞（２００２年）にノミネートされ、第58回ベネチア国際映画祭（２００１年）金獅子賞を受賞した海外でも評価の高い作品です。

『Monsoon Wedding』（モンスーン・ウェディング）

ストーリーは次の通りです。テレビ局に勤めるアディティは、不倫をしているような現代的な女性でしたが、父がもってきた結婚の話を受け入れました。しかし、父は結婚式のプロデュースをウェディングプランナーに依頼し、自分でも準備を仕切るなど張り切っていました。気持ちに踏ん切りが付かずにいたアディティの気持ちを知っている従姉妹は、「親の選んだ結婚相手と愛のない結婚をすることに満足しているのか」と問います。アディティは、婚約者のヘマントに不倫をしていたことを打ち明けます。彼は、つらい経験からアディティの気持ちを理解することができ、一緒に乗り越え幸せをつかむことができると言ったのです。結婚式当日、モンスーンの雨の中音楽と踊りで盛り上がる式は行われました。

現代のニューデリーが舞台で、インドの伝統的な結婚を描いています。アディティは、非常に現代的でグローバリズムの影響を受けている女性ですが、やはり父親のアレンジした結婚を拒否できません。不倫相手を忘れられず、お見合い相手を選ぶか、愛する人を選ぶか悶々と悩みます。インドの伝統的価値観か、グローバル化した現代的な価値観か、という選択肢の中、結局は伝統を選ぶのです。

現代社会において恋愛も多様化していき、伝統と現代的価値のどちらをとるか悩むヒロインは、『ミモラ』と同じですね。ナンディニもアディティも伝統を選びつつも、その中で幸せを模索して未来を志向していくのです。家族や親戚に祝福されるお見合いと真の愛を追求する恋愛の両方を取り入れた結婚。妥協ではなく、本当に愛する人とお見合いで出会う。これが現代インドの理想的な結婚ではないでしょうか。

一方で、女盗賊として有名なプーラン・デーヴィーも夫に虐待されたために盗賊団に加わりました。自分をレイプした地主たちに報復した彼女は、国会議員にまでなりました。彼女の壮絶な人生を描いた映画が『Bandit Queen』（邦題：女盗賊プーラン、1994年）です。

ところで、ボリウッドのダンス・クイーンといわれる女優マドゥリ・ディークシットは、お見合いでカリフォルニア州ロサンゼルス出身の心臓血管外科医と結婚しました。ボリウッドでトップ女優として活躍していたマドゥリがお見合い結婚とは驚きでした。

結婚式

インドの結婚式は、大変豪華で、3日から7日かけて行います。かなり気合が入っていますね。結婚式は、海外に住んでいる親戚も参加する盛大なものです。『モンスーン・ウエディング』のエンディングではモンスーンの季節に雨の中、みんなが歌って踊って、豪華で楽しい結婚式の様子が描かれています。最近、都市部ではホテルで結婚式をすることも多くなりましたが、この映画では野外にテントを張って行っています。踊りまくるのはインドの結婚式の特徴です。また、白馬に乗った花婿が音楽隊を引き連れてパレードをします。某ランドのエレクトリックパレードのようです。インドでお祭りでもないのにパレードを見かけたら、それは結婚式です。このような式ですから年収の3倍から4倍の費用がかかります。

日取りは、星占いで決めます。結婚式のシーズンは10月から2月ですので、その間の良き日を星占いで出してもらいます。この時期にインドに行くと、あちこちで結婚式を見ることができます。

また、女性は、ヘナという薬草から抽出した染料で手や足に複雑な模様を描きます。日常生活の中でもヘナで手足に模様を描きますが、結婚式の模様はもっと複雑で、幸せな結婚を祝う思いが込められています。しかし、『RRR』では、ヘナで模様を描くのがうまかったばっかりに、少女がキャサリン夫人にインド総督府に連れていかれてしまいます。このヘナですが、1週間から2週間は消えないので要注意です。

さて、結婚式で最も重要なのは、火の周りをまわる儀式です。7回まわりますが、きちんとまわりきらないと結婚は成立しません。『きっと、うまくいく』では、ピアをランチョーのもとに連れていくため、ラージューが彼女の結婚式に潜入し、婚約者になりすましましたが、あのまま進んでしまったらピアはあやうくラージューと7回まわるところでした。そして、新婦は髪の生え際にシンドゥールという赤い粉をつけます。『恋する輪廻』

の中で上映される映画で、シャンティは、「一筋の紅粉の価値がわかる？　それは神の恩寵なの。幸福な妻のしるしなの。女が夢見るものは既婚を表す紅粉なの」と歌っています。シンドゥールは既婚のしるしで、結婚しているかどうか一目でわかります。シンドゥールをつけて、結婚したという実感がわくのです。

コラム：サティー

サティーとは、寡婦殉死の風習のことです。夫に死なれた妻は、夫が火葬されるとき、その炎の中に身投げして死ぬというものです。イギリス植民地時代の１８２９年には禁止されていますが、なかなかなくなりませんでした。サティーをしないと、寡婦だけではなく家族も非難されるので、強制的に殉死させられることもありました。起源は、シヴァ神の妻となるサティーが、父親に結婚を反対され、心を痛めたサティーは焼身自殺し、パールバーティー女神に生まれ変わり、シヴァ神の妻となったという神話ではないかとされています。

いずれにしろ、生きたまま焼かれて死ぬ、というのは火刑と同じです。火刑は最も残酷な処刑法の1つです。

インドの女性は、持参財、サティー、識字率や教育などさまざまな問題を抱えています。そのような中、世界的に活躍している女性もいます。インド人女性と男性の格差、女性の中での格差がなくなる時代が来たとき、インドはもっともっと飛躍するのではないでしょうか?

第5章　家族

家族というのは、定義することが大変難しいというくらい、いろいろな形があります。ましてや、家族に対する意識や考え方は、同じ社会でも人それぞれです。人は結婚すると新たに家族を作ったり、相手の家族に加わったり、相手を自分の家族に加えたりします。家族と結婚は、つながりがあり、女性は結婚を通して自分の家族から夫の家族へと移ることが多いのです。また、どのような結婚をして、どのような家族を作るかは、民族、地域、宗教、年代などによっても違います。

ただ、インド人の家族意識についてよくいわれるのは、家族ファーストだということです。では、まずインド人にとっての家族とはどのようなものかを見ていきましょう。

インド人にとって家族とは？

映画『モンスーン・ウェディング』では、家族という言葉の意味する範囲が日本より広いことがセリフからわかります。アディティのいとこリアは、アディティに「家族なんだから心配するのは当たり前よ」と言います。日本ではいとこのことを「家族」ではなく「親戚」といいますね。そして、アディティの父ラリットの姉夫婦はアメリカに住んでいます。リアがアメリカに留学したいと言うと、姉の夫のテージが、「学費は自分たちが出すよ。いいだろ?」と妻に聞きます。妻は、「家族なんだから何でも言ってちょうだい」と返事をします。義理の関係でも学費まで出すことを当たり前としているのです。また、ラリットはリアに、「家族だろ。家族は私のすべてだ」と言います。インド人にとって家族とは、同居しているだけではなく、たとえ海外に住んでいても、義理の関係であっても、すべてに優先される最も大切なものなのです。

さて、『Kabhi Khushi Kabhie Gham...』(邦題:家族の四季 愛すれど遠く離れて、2001年)は、家族とは何か、ということを考えさせられる作品です。シャー・ルク・カーン、アミターブ・バッチャン、リティク・ローシャンなど豪華な出演陣が家族を演じるというので話題になりました。

『Kabhi Khushi Kabhie Gham...』(邦題:家族の四季　愛すれど遠く離れて)

内容は次の通りです。大富豪のラーイチャンドは、本当の家族として大切に育てた養子、長男ラーフルに縁談をもちかけます。でも、ラーフルは庶民の娘アンジャリーと恋に落ちてしまいます。アンジャリーとの恋を反対されたラーフルは、家族に別れを告げて彼女とロンドンで生きることを決意します。数年後、幼い頃は太っていたのですが成長してかっこよくなったラーフルの弟ローハンは、家族の絆を取り戻すため、兄が暮らすロンドンへ向かいます。ラーフルは、すっかり変わったローハンを弟とわからず、彼を下宿させます。ラーフルはローハンが弟であると知りますが、父とはなかなか和解できません。しかし、祖母が亡くなりラーフルがインドに戻ったとき、父と和解し、家族を取り戻しました。

この映画で描かれたのは、親のアレンジした結婚を当たり前とする、典型的な強権的父が支配する家父長制によるインドの伝統的な家族です。インドでは、子どもたちは父親を尊敬し、父親のいうことを聞きます。父親は、ふだんは優しくても、怒ると怖いのです。しかし、『家族の四季』では、ラーフルは父のいうことを聞かず、父に反対された女性と結婚してしまいます。父は静かに怒り、「おまえはやっぱり本当の息子じゃない」と言い、ラーフルを勘当します。ローハンは、父にラーフルを許すように進言し、頬を叩かれます。

でも、ラーフルは、父が強権的であっても自分の人生を妨害するなどとはまったく考えていなかったようです。そして、母のことを何かにつけては思い出します。母にとってラーフルはたとえ養子であっても愛情をたっぷり注いで育てた息子です。ロンドンのショッピングセンターで、ラーフルが偶然そこに入ってくることがわかるなど、血のつながった親子と同じように母親の勘が働くのです。

インドの家族を語るとき、この家族愛はとても重要です。家族第一主義のインド人にとって、家族に対する愛は特別ですから、家族を捨てて駆け落ちするのには大変な覚悟が必要です。だから、家族と恋人との間で死ぬほど悩むのです。『家族の四季』で、ローハンが兄と父の間で死ぬほど悩み、また昔のような仲の良い家族を取り戻すため、間を取りもとうとするのはそのためです。

この作品では、父子の対立、実子と養子など様々な問題を家族の絆によって乗り越えていきます。決して血のつながりだけが家族ではない、お互いに家族だと思えば家族なのだということを教えてくれます。そして、家族には絆と愛が最も大事だということを思い出させてくれます。家族としてのつながりが家族たる所以なのですね。

一方、『ミモラ』では、ナンディニは父の意向に従い、父の決めた人と結婚します。父に恥をかかせないため、家のためです。しかし、ナンディニのいとこは、駆け落ちをします。ナンディニが駆け落ちを手引きしたため、父と父の弟（ナンディニのいとこの父）は言い争いをします。ナンディニの父は、ふだんは優しいのですが、家長として家族を守るときは、相手に怯まず堂々と戦うのです。家長は、何があっても家族を守る存在なのです。駆け落ちは、そのような家長の庇護を受けることができなくなり、家族というバックグラウンド、絆をすべて失う行為なのです。ナンディニは、家長の娘として駆け落ちすることはできませんでした。しかし、夫に愛を育むことを教わり、夫と家族になっていったのです。また、ナンディニの母は、ナンディニが結婚した後、婚家を訪れます。夫の母が気をつかってナンディニと母を2人きりにしますが、あまり長居をするのはよくないと言って早々に帰りました。結婚をしたら娘は夫の家族となるので、実母でも遠慮してゆっくり話すことは憚られるのです。

伝統的な家族としての合同家族

『モンスーン・ウェディング』は、アディティの両親、弟、いとこたちが一緒に住んでいます。『ミモラ』は、ナンディニの両親、父の弟家族など親戚一同で暮らしています。人数や規模は違いますが、日本ではあまりない家族形態です。このような家族をインドでは「合同家族」といいます。

インド初代首相ネルーは、著書でインドの社会構造を支えるのは、カースト、村落共同体、合同家族だと述べています。インドを支えている伝統的な家族制度といえば、「合同家族」といえるでしょう。

では、合同家族とはどのような家族なのでしょうか。ネルーは、カースト、村落共同体、合同家族の3つは、集団内で平等と民主主義を実現するものであるとしました。つまり、ネルーは、合同家族を強権的な家長に支配された家父長制的なものではなく、その共同財産をもって、家庭内福祉が実行されるためのものであると考えたのです。

しかしながら、合同家族がどのような家族を指すのかについては、いろいろな見方があります。そもそも「合同家族」は、英語の joint family の訳です。日本では、「共同家族」、「非分離家族」、「大家族」というように訳されていました。また、他にも Hindu Undivided Family という英語もありますが、これは「ヒンドゥー合同家族」と訳されます。どの英語をどのように訳するかによっても、インドの家族がどのようなものか変わってきます。ここでは、joint family（合同家族）を見ていきます。

まず、イギリス植民地政府は、サンスクリット語で書かれた古代法典を法源としました。一定の土地がヒンドゥー教徒によって所有されている場合は、父系で結びつく男子が土地を共同で所有しているものとみなしました。そして土地を共有する男子から構成された家族を徴税単位として確定しました。この家族は、「祖先祭祀を共同で行う家族に等しいもの」とされましたが、これが、ヒンドゥー教徒の合同家族です。

そして、インド政府による合同家族の定義も統一されているわけではありません。インドでは、国勢調査を1870年代から10年ごとに実施しています。この国勢調査では、合同家族を「複数の夫婦を含む世帯」と定義しています。

また、法律の定義は、何度も法改正するため変化しています。今のヒンドゥー法は、合同家族を、「共通の祖先からの出自を辿ることができる男子とその配偶者および未婚の娘からなり、財産、食事、祭祀を共同にする家族」としています。ただし、共有する財産がなくても、居住をともにしていなくても合同家族と認められます。家族の成員が、未亡人と息子1人という2名でも、財産、食事、祭祀をともにするかぎり、合同家族であるとしています。でも、この定義では、ほとんどのインドの家族が合同家族になってしまいますね。

このように、合同家族をどう捉えて定義するかは、時代や法律、立場などによっていろいろあります。共有財産と権威的家長の存在、複数の夫婦という条件が多くの定義に共通するところでしょう。さらに、当人たちの「家族である」という意識が重要ではないでしようか。たとえば、給与の一部を実家の父に送金している場合、共同財産へ収入の一部を入れている、とされます。共同生活をしていないのですが、共同財産へ入れるということは、共同財産の所有権を有するということであり、家族だということです。日本なら「仕送り」とされるものですが、日本の場合は家族の共同財産へ入れるというものではありません。

ところで、19世紀ごろ、西欧では、近代化により社会や経済が変化しました。そして、西欧社会の家族は、近代家族へと変わっていきました。近代家族とは、産業革命以降に愛情と性別役割分業を基本とする家族のことです。近代家族へ移行するとともに社会改革運動が推進されましたが、これはインドにも波及しました。

社会改革運動では、合同家族は後進的であり、特に女性を抑圧する古い因習の温床として批判の対象となりました。一方で、急進的な社会改革に対し、ヒンドゥーの古典が正統だとする人たちにとっては、合同家族は、正統的なヒンドゥーの家族形態であり、インドが誇る伝統なのです。

しかし、『ミモラ』、『モンスーン・ウェディング』、『家族の四季』の家族も古い慣習の家族でありながら、愛情が感じられる家族です。映画では、前近代的家族の形をとりながらも、その実体は近代家族と変わらない家族が描かれています。愛情によってつながった合同家族がインドの理想なのかもしれません。

さて、一般的に家族の形態は、産業構造の変化による社会の変化に影響されます。農業社会から手工業社会、そして工業化社会、情報化社会というように中心となる産業が変わると社会は変化していきます。さらに、工業化によって都市化が進みます。また、社会の変化にともなって家族形態も農業社会は大家族、工業化社会は核家族、というように変化していくのが一般的です。

つまり、工業化による都市化によって世帯の人数は少なくなっていきます。都市には、より良い仕事や教育の機会、さらに芸術や文化、娯楽など地方にないものがたくさんあります。人々は、それらを求めて都市に移住し、単身世帯や核家族を形成します。しかしながら、インドでは、都市に移住したからといって合同家族から離脱したということになるわけではありません。つまり、一見、分離という形態をとっていても、実際は合同家族の家産システムに参加しており、合同家族のメンバーなのです。

そして、インド独立後の1956年に大論争を経て成立した「ヒンドゥー相続法（Hindu Succession Act）」という法律があります。この法律は、家産の相続については直系男性とし、家産の分散を回避するというもので、女性に対しては、まだ制限がありました。2005年の改正で、女性も直系男性相続人と等しい「共同相続者」になり、相続権が認められるようになりました。これにより、女性の地位が向上し、共同財産に対する権利や相続が改善されることが期待されます。

ところで、合同家族では、多くの親族と同居することも多いせいか、親族名称は大変複雑です。世代、父方、母方で違いますが、小さな子どもでもきちんと区別しています。『モンスーン・ウェディング』で、幼い女の子アリアが、「おじさんにキスされた」と言いますが、この「おじさん」は、アリアの父親の姉の夫テージです。インドの「おじさん」は、母方、父方などすべて違う名称で呼ぶので、「おじさん」が誰かすぐにわかるのです。日本では近所の男性のことも、一定の年齢の男性のことも「おじさん」と言うので、おじさんがいっぱいいて区別がつきませんね。

社会福祉とプージャ（祭祀）

さて、合同家族を形成する主な理由は、共同財産と社会福祉です。そして、ヒンドゥー教徒の場合は、プージャ（祭祀）を行うためでもあります。

共同財産は、家族の共有財産である家産がバラバラにならないようにするためです。共同財産にすれば、財産を子孫に残していき、家族を守っていくことができます。

また、インドでは、国民全体をカバーするような医療や介護、年金などの制度があまり整備されていません。年金に関しては、2004年から退職した公務員向けの退職準備基金が、新年金制度として始まりました。このシステムには民間部門も任意加入が可能ですが、とても国民全体をカバーするものではありません。多くの人が、老後資金は自力でなんとかしなければならないのです。合同家族では、働いていなくても家族の庇護下で生活の心配はしなくてもよいのです。

そして、プージャは、家族で実施しなければならないのです。特に『マヌ法典』では、ヒンドゥー教徒の男子の義務とされる祖霊への供儀である祖霊祭を実行するためにも家族を作らないといけないとされています。直系家族や核家族では男子が途絶えてしまうこともあります。祖霊祭を確実に実施するためには、複数の男子が家族内にいる合同家族が理想的な家族形態なのです。

コラム：お父さんは床

筆者の知人のインド人男性は、合同家族の家長です。インドのある都市に住むこの家族の家は4階建てで、各家族に1部屋割り当てられています。家長家族が4階の一番大きな部屋で、知人はこの部屋の主人です。3階に共同で食事をする部屋と台所があり、ここで家族も客も食事をします。各部屋に食事をもって行ったりはしません。

このような家族ですが、やはり家族愛は強く、知人の息子とお母さんは強い絆で結ばれています。息子はお母さんが大好きなあまり、20代後半にもかかわらず、ベッドでお母さんと寝ています。で、お父さんは、というと押し出されて床で寝ています。「いや〜、息子に追い出されて床で寝ているから、身体中痛いんだよね〜」とうれしそうに言うのです。強権的な父とはまったく正反対の今ドキのお父さん、何だかんだいっても仲よし親子です。

また、別の知人の日本人女性は、インド人と結婚して義母や義妹と暮らしています。義妹の結婚式に親族が30人も泊まりに来るとため息をついていました。夫にとっては愛

――する大事な妹です。大変ですが家族としてがんばらないといけないのです。親族30人……私にはムリです！

第6章　宗教と宗教対立

インドの宗教は、ヒンドゥー教が有名ですが、インド発祥の宗教は、仏教、ジャイナ教、シク教などがあります。宗教人口は、ヒンドゥー教が79・8％、イスラーム教が14・2％、キリスト教が2・3％、シク教が1・7％、仏教が0・7％、ジャイナ教が0・4％です。（2011年国勢調査）ヒンドゥー教が大多数を占めますが、イスラーム教も14億人以上の人口のうちの14・2％ですから2億人程度になります。日本の人口を軽く超える人たちがマイノリティということになりますね。では、まず多数派のヒンドゥー教から見ていきましょう。

多数派のヒンドゥー教

『RRR』は、イギリス植民地時代を背景としていますが、映画のベースに流れるのは神話です。ビームは部族宗教の信者ですが、ラーマはヒンドゥー教徒です。特に最後のほうでインド総督府と戦ったシーンでは直接的に描かれています。ラーマは女神像の矢を手に取って武器にしますが、それとともに女神の力もラーマに憑依します。劇中歌の歌詞では、「弓矢はシヴァのように頑強、アルジュナは弓を引く」とあります。アルジュナとは、古代叙事詩『ラーマーヤナ』に出てくるラーマ王子の弟で、ヴィシュヌ神の4分の1の力を受けています。神（シヴァ）と神の力を受けた神話上の王子（アルジュナ）にたとえられるラーマが、敵をバタバタと倒す姿は圧倒的で、まさに神のごときです。また、劇中歌では、「ラーマはラグ家の末裔」という歌詞があります。ラグ家は、『ラーマーヤナ』を基にして書かれた『ラグ・ヴァンシャ』という物語に登場するクシャトリヤの太陽種族です。ラーマは、神話的な血を受け継いでいるのですね。

では、ヒンドゥー教とは、どのような宗教なのでしょうか。実はヒンドゥー教は、定義するのが難しい宗教なのです。かなり簡潔にまとめると、イスラーム教がインドに入ってきたときに、「あれ？　何だか自分たちとは違う宗教だな。あれはイスラーム教というのか。じゃあ自分たちのは何だろう？」という感じで、ヒンドゥー教と名付けられたのです。ですから、ヒンドゥー教とは、インドに存在する宗教のうち、イスラーム教、シク教、ジャイナ教、仏教といった、はっきり区別することのできる宗教以外の宗教のことといえるでしょう。つまり、はっきりと区別できる宗教以外をヒンドゥー教とせざるをえないほど、まとまりのない宗教なのです。

まとまりがないという以外のヒンドゥー教の特徴は、輪廻と解脱、食事制限、カースト制です。輪廻は、人間の生は車輪のようにつながっており、現世はいくつもの生の1つという考え方です。解脱は、繰り返す輪廻から抜け出して天上の楽園に行くことです。食事では、牛を神聖視しているため食べません。一般的には豚など、牛以外の肉食も避けられます。カースト制ではカーストが高いほど食事制限が厳しいため、ネギやニンニクを食べられないカーストもあれば、低いカーストでは肉を食べるカーストもあります。

ユニークなヒンドゥーの神様

そして、ヒンドゥー教の神様はとてもユニークです。ブラフマー神、ヴィシュヌ神、シヴァ神は、3大神といわれています。ブラフマー神が宇宙を創造し、ヴィシュヌ神が維持し、シヴァ神は破壊し、これを繰り返すのです。それぞれの神妃もユニークで、シヴァ神の妃には、穏やかなパールバーティー、恐怖のカーリーなどがいますが、理屈上は同一神です。インドの神は、一柱の神がいろいろな性格や姿をもっているのです。これを「化身」といいます。たとえば、ヴィシュヌ神は、牧童や魚、イノシシの姿をとることもあります。そして、ヒンドゥー教ではブッダはヴィシュヌ神の姿の1つです。そのため、仏教はヒンドゥー教の一部だとするヒンドゥー教徒もいます。

さらに、ガネーシャ神は頭が象の神で、シヴァ神の息子です。ハヌマーンは猿の姿の神です。カーマデーヌという雌牛の神もいます。

また、ヒンドゥー教はまとまりがないため、共通の聖典はありません。でも、多くのヒンドゥー教徒が聖典だと思っているものに、2大叙事詩といわれている『ラーマーヤナ』と『マハーバーラタ』があります。どちらもだいたい4世紀ごろに現在の形になったとされています。

『マハーバーラタ』を一部分、あるいは設定やストーリーの基にして制作された映画には、『Mayabazar』(邦題:幻想市場、1957年)やラジニーカント主演の犯罪映画『Thalapathi』(邦題:ダラパティ 踊るゴッドファーザー、1991年)、アクション映画『Waarrior Savitri』(邦題:ラクシュミー 女神転聖、2016年)などがあります。

『マハーバーラタ』は、史実を基に構想されたバラタ族の戦争物語の詩です。世界最大の叙事詩といわれているだけあって大変長いのです。この叙事詩は、単なる戦争物語ではなく、神話・伝説、歴史、教訓、道徳、倫理、哲学など人生全般の指南書でもあります。特にその中の『バガヴァッド・ギーター』という部分は、ガンディーなどが最高の聖典として行動規範としました。

次に、『ラーマーヤナ』ですが、この叙事詩はたくさん映画化されていますし、ドラマ化もされています。その代表は、『Ramayana: The Legend of Prince Rama』（邦題：ラーマーヤナ／ラーマ王子伝説、1993年）でしょう。日印共同制作のアニメーション映画です。

内容は、次の通りです。古代インドでは、悪魔たちが好き勝手に暴れて神々をも苦しめていました。コーサラ国のアヨーディヤでは、王に後継者を得るため祭祀を行った結果、3人の王妃に神の力を宿した4人の王子が生まれました。そのうち、ラーマ王子はヴィシュヌ神の力の半分を受けました。ラーマはシータという女性と結婚しましたが、陰謀により14年間にわたり宮殿を追放されました。ラーマは、シータをともなって森に隠棲しました。しかし、森の悪魔を退治したため、魔王ラーヴァナの怒りをかい、シータを誘拐されてしまいます。ラーマは、猿軍将軍のハヌマーンを介して猿軍の協力を得てシータの救出に向かいます。激しい戦闘の末、ラーマ軍は勝利し、シータを救出してアヨーディヤに凱旋しました。

ラーマは、ヴィシュヌ神の化身の1つで絶大な力をもっています。ヒンドゥー教では、ラーマは理想の男性、シータは理想の女性といわれています。そして、ハヌマーンは、猿ですが、普通の猿ではありません。女神を母にもつ彼は、身体のサイズを大きくしたり、小さくしたりすることができますし、強い力をもっています。インドでも人気の神様です。

ハヌマーンを題材としたアニメーション映画『Hanuman』(2005年)も制作されています。

ところで、『Mukti Bhawan』(邦題:ガンジスに還る、2016年)という映画では、死期を悟った老人を通してヒンドゥー教徒の死生観が描かれています。

内容は次の通りです。ある日、77歳の元教師のダヤは、何度も同じ夢を見て死期を悟ります。そこで、ここでは死にたくない、聖地バラナシに行くと宣言します。家族は大反対しますが、頑固なダヤは宣言を撤回しません。しかたなく仕事で忙しい息子ラジーヴが付き添ってバラナシに行くことになりました。2人は安らかな死を求める人々が集う施設「解脱の家」に入ります。ダヤは残された時間を施設の入居者と心穏やかに過ごそうとします。でも、仕事が気になるラジーヴとは衝突します。しかしラジーヴも施設で過ごすうちに次第に父を少し理解することができるようになります。父も人生を振り返り、息子に充分に接してこなかったことを後悔します。そして、父の死後、父の願いどおりににぎやかなお葬式が行われました。

さて、この映画では、父に付き添ってバラナシに行くラジーヴのことを、ラジーヴの会社の上司が理解してくれません。まず、上司は、「教えてくれ、バラナシとガンジス川のどちらが神聖か」と質問し、「私は、こう考える。ガンジス川のほうが神聖なら遠出をせずともガンジス川は拝める」と続けます。ラジーヴが、「バラナシは解脱の地です」と言うと、上司は「解脱はどこでもできる。信仰の問題だ。君には信仰が？　なぜ君まで行く？」と言います。この上司は、ヒンドゥー教徒としてバラナシで死ぬという理想よりも現実世界のビジネスを優先させます。

では、なぜバラナシかというと、ヒンドゥー教の聖地中の聖地だからです。バラナシで死ぬと解脱できるのです。映画の中で、解脱の家の受付で「解脱とは何か？」と聞かれます。バラナシが解脱の地で、そこで死にたいと願っているダヤもラジーヴも答えられません。受付の人は、「魂は己を波だと思っている。そこで突然悟るんです。己は波ではなく海であると。そこを通過する覚悟があなたにおありか？」と言います。解脱とは何かを、解脱を願っている人でも答えられないのです。その答えをこの映画では示しています。

バラナシは、地形的にも特別な聖地とされます。ガンジス川がバラナシの手前で大きく蛇行し、北へ一旦方向を変えています。北の方向には、シヴァ神の住処であるヒマラヤのカイラース山があり、ガンジス川はその中流域のバラナシに至ります。バラナシは、カイラース山のシヴァ神から神聖で高貴なエネルギーをもらい、川の生命力を復活させ再生することから、新たなる生命を授かる特別な場所とされてきたのです。さらに、シヴァ神に愛され護られているこのバラナシは、そこに住む人、そこを訪れた人は必ず解脱することができるといわれている7聖都（バラナシ、ハルドワール、アヨーディヤ、マトゥラー、ドゥワールカ、ウッジャイン、カーンチープラム）など4つの聖地（輝ける12シヴァ神象、7聖都、3聖都、51母神座所）に名を連ねており、そこで死ねば、そのまま解脱が得られるとされています。

バラナシは、小石にいたるまで吉祥を授ける者（シャンカル、シヴァの別名）が宿るといわれていますし、シヴァの恩寵に包まれ、あらゆる罪障を浄めてくれる女神ガンガーのガンジス川が流れています。焼かれた死体はガンジスの水に浸されて、死者の魂がそこで昇天する。魂をガンジス川の強力な浄化力で浄めて、最もすばらしい天上の世界に送り届けてくれます。

また、バラナシは、シヴァ神がもつ三叉《さんさ》の戟《ほこ》の上にあるとされ、全世界が大洪水で水没してもバラナシだけは残ると信じられています。そして、シヴァ神のリンガ（男性器のシンボル）が最初に地球を貫いた場所でもあります。

そして、シヴァ神の息子であるガネーシャが、シヴァ神信仰の中心地の1つであるバラナシを堅固に護っているため、バラナシは聖地であり続けているのです。

インドでは少数派の仏教

日本では、仏教が多数派でメジャーな宗教ですが、仏教発祥の地インドでは、1%にも満たない信者数しかいないマイナーな宗教です。しかし、仏教がインド全土で信仰されていた時代もありました。

映画『Asoka』(アショカ、2001年)では、アショカ王が陰謀や激しい戦いを経て仏教に帰依していく姿が描かれています。

紀元前280年。北東インドの大国マウリヤ朝マガダ国には、第2代国王と側室との子アショカがいました。アショカは成人後、王の嫡子スシーマとの王位継承の陰謀劇に巻き込まれ、隣国カリンガとの国境沿いの村へ逃れます。そこで、素性を隠してブヴァンと名のり、村人にとけ込みます。アショカがそこへ逃げる前に、クーデターの起きたカリンガ国からも王女カールヴァキが逃げていました。追手に追われている彼女をアショカは助けようとしましたが、カールヴァキの仲間に傷つけられてしまいます。カールヴァキはアショカを介抱しますが、ブヴァンと名乗るアショカに反発しながらも惹かれていきます。しかし、マガダ国の使者が、アショカに母が病気であることを告げます。アショカが、カールヴァキの元を離れた後、カールヴァキと幼いカリンガの王アーリヤを捜すカリンガ軍が村を襲撃。2人の身代わりに村人が殺されてしまいます。2人は復讐のためカリンガ国へ戻りますが、一方、村に戻ったアショカは、2人が死んだと告げられます。怒りと失望に自暴自棄になり、ウッジャイニ国との戦争に赴いたアショカは、乱戦の中、深手を負って仏教寺院に担ぎ込まれます。アショカは、心優しい娘デヴィの献身的な看護により快復し、彼女と結ばれます。しかし、新妻をマガダ国へ連れ帰ると、父王は、「仏教徒の娘など家族にできない」と言います。やがて、父王、母との死別により、アショカは「覇道の鬼」となって天下統一を目指します。だが、カールヴァキ王女が指揮するカリンガ国が最後まで抗戦します。アショカは大軍を率いて殲滅戦に乗り出し、マガダ軍の大勝。死屍累々の戦場で、アショカとカールヴァキは再会。幼いアーリヤも物陰から姿を現しますが、アーリヤは倒れます。小さな背中には無数の矢が刺さっていました。アショカは武器を捨て、慈愛と平和と非暴力の仏教精神による治世を宣言します。

『Asoka』(アショカ)

　アショカ王は、カリンガ国との戦闘があまりにも悲惨だったため仏教に帰依したとされています。そして、インドのほぼ全土に仏教を広めました。インドだけではなく、海外への伝道も支援したことから、インド以外にも仏教は伝わっていきました。アショカ王がいなかったら、もしかしたら日本に仏教が伝わるのがもっと遅くなっていたか、伝わらなかったかもしれません。アショカ王が仏教に帰依する背景にはすさまじい生涯があったのですね。

でも、そんな仏教もイスラーム教徒の侵入などによりインドでは衰退していきます。仏教が再注目されるのは、第2次世界大戦後、法務大臣だったアンベードカルによる集団改宗です。ダリットに生まれたアンベードカルは差別され続け、ヒンドゥー教が差別の根源であるとし、仏教復興運動を始め、1956年に50万人もの人たちと改宗したのです。ここから新仏教運動へとつながっていきました。

ターバンがトレードマークのシク教

インドのことをよく知らないと、インド人はみんなターバンを巻いていると思うかもしれません。民族衣装として巻いている人もいますが、ターバンを巻いている人のたいていはシク教徒です。シク教徒の男性は、生涯、髪を切りません。ターバンに長い髪を収納しているのです。オートバイに乗るときは、ヘルメットがかぶれないので免除されています。

映画『Himself He Cooks』（邦題：聖者たちの食卓、2011年）は、ベルギー人が監督ですが、シク教とはどのような宗教なのかが食事を通してわかるドキュメンタリーです。

内容は、次の通りです。パンジャーブ州アムリトサルのシク教総本山ハリマンディル・サーヒブ（黄金寺院）では、人種や階層に関係なく、巡礼者や訪問者に食事が無料で提供されています。毎日約10万食の食事が振る舞われます。大勢での支度の様子、調理、後片付け、巡礼者たちが交代しながら食事をする風景も映し出されています。

『Himself He Cooks』（邦題：聖者たちの食卓）

シク教は、16世紀初め、インド北西部のパンジャーブ地方を拠点として、ナーナクが、イスラーム教から影響を受け、ヒンドゥー教の改革を掲げて創始した宗教です。一神教信仰、偶像崇拝の否定、カーストの否定などを説いています。17世紀後半にムガル帝国アウラングゼーブ帝によるイスラーム教強制政策で弾圧され、それに抵抗して戦ったことから戦闘的で強固な教団組織に大きく変わっていきました。19世紀には西北インドの一大勢力となり、シク王国を造り、イギリスとシク戦争を戦いました。

このように紹介すると、戦闘的な怖い人たちなのかな、と勘違いしてしまいます。でも、『聖者たちの食卓』では、毎日、大勢のボランティアの人たちが、協力して一生懸命10万食の食事を作っています。シク教はカーストを否定しているため、共食を大事にしています。カースト制では同じジャーティの人としか共食することができません。ともに食事をすることは、仲間ということです。社会階層、性別、人種、民族、宗教も関係なく、みんなで食事をします。ハリマンディル・サーヒブに行ったらぜひ食事をしてみてください。

ちなみに、筆者はハリマンディル・サーヒブには行きましたが、時間がなくて食事をしませんでした。知り合いのシク教徒にハリマンディル・サーヒブに行ったと言うと、「食事はしたか?」と聞かれたので、「しなかった」と言ったら、とてもがっかりされました。あわてて、「次は絶対食べるから!」と言ったら、笑顔になって納得してくれました。次に行ったら絶対に食事をしたいと思います。

宗教対立

映画『Bombay』（ボンベイ、1995年）は、ヒンドゥー教徒とイスラーム教徒の恋愛から、インドの宗教対立を描いています。

内容は、次の通りです。久々に故郷に帰ってきたジャーナリスト志望の青年セーカルは、村で見かけた娘シャイラー・バーヌに恋をします。2人は結婚しようとしますが、ヒンドゥー教徒のセーカルの父ナラヤナンも、イスラーム教徒のシャイラーの父バシールも大反対します。2人は駆け落ちし、ボンベイで結婚生活を始めました。やがて、セーカルは望みどおり新聞記者となり、2人の間には双子の男の子が誕生しました。6年が過ぎた1992年12月6日にアヨーディヤ事件が起きます（これについては後ほど説明します）。ボンベイ（現ムンバイ）でも暴動が発生し、セーカルの双子の息子は焼き殺されそうになりますが、すんでのところで逃れられました。暴動を知ったナラヤナンとバシールたちは少し沈静化したボンベイを訪れ、両家は和解します。しかし、ふたたび暴動が激化し、セーカル一家の住まいにも暴徒の放った火が燃え移り、夫婦の親たちは燃えさかる部屋に閉じ込められてしまいます。さらに、逃げまどうセーカルたちは息子たちとはぐれてしまいます。激情にかられたセーカルは暴徒たちを制し、彼らの行動がどんなに非人間的なことかを訴えました。するとそれに共感した普通の市民たちが立ち上がり、暴徒たちの武器を捨てさせました。そして、セーカルたちは無事息子たちと再会するのでした。

この映画は、『ラーマーヤナ』のラーマ王子の生誕地アヨーディヤにムガル王朝の初代皇帝バーブルが、ヒンドゥー教寺院を壊してイスラーム教のバーブリー・マスジドというモスクを建立したことに端を発する暴動を背景としています。1992年12月6日に、世界ヒンドゥー協会のメンバーを先頭に暴徒化した数十万人のヒンドゥー教徒がモスクに押し寄せ、モスクを破壊し倒壊させました。これがアヨーディヤ事件です。その勢いはインド全土に波及し各地で暴動が起きました。

2002年には、バーブリー・マスジドの跡地が政府の管理下に置かれますが、民族義勇団と世界ヒンドゥー協会は、この地にヒンドゥー寺院の建設を認めるよう当時のインド人民党政府に迫り、アヨーディヤで寺院建設のための大規模な決起集会を開催しました。しかし、このときは、インド人民党は連立政権の他党の反発を恐れ、建設許可を出しませんでした。

一方で、決起集会に参加したグジャラート州の世界ヒンドゥー協会のメンバーが乗った列車が、グジャラート州のゴードラー駅でイスラーム教の暴徒に放火され、58人もの死者が出ました。事件の翌日からグジャラート州内で暴動が多発し、死者は合計で800人を超えました。

インドでは、ヒンドゥー教とイスラーム教は、歴史的に対立をしてきました。数々の事件や紛争がありましたが、その代表的なものがアヨーディヤ事件なのです。

また、イギリスからの独立のときも、ヒンドゥー教はインド、イスラーム教はパキスタン、というように別の国を作りました。そのため、様々なトラブルが起きています。映画『Veer-Zaara』（ヴィール・ザーラー、2004年）では、パキスタン人の女性とインド人男性の恋が描かれています。

ストーリーは、次の通りです。パキスタンのある刑務所に、22年間誰とも口をきかず収監されている「囚人番号786」と呼ばれるインド人がいました。22年前、インド空軍のパイロットのヴィールは、パキスタン女性ザーラーをバス事故から救います。ザーラーは印パ分離独立時にパキスタンに移住した祖母の遺灰を、インドの川に流すためにインドに来たのでした。ヴィールはザーラーを、自分の生まれた村へ誘います。ヴィールの家族に温かく迎え入れられたザーラーは、またふたたびこの村にやってくることを約束しました。ヴィールはパキスタンに帰るザーラーを見送りますが、そこで彼はザーラーに求婚しよう

『Veer-Zaara』（ヴィール・ザーラー）

と考えていました。しかし、彼女に婚約者がいたことを知り、彼は静かに身を引きます。でも、ザーラーもまたヴィールを愛していることに気づき、そのことを母にほのめかしてしまいます。それを見ていた使用人が電話し、ヴィールはパキスタンへと駆けつけます。自分たちの関係が不可能なものであることを悟った2人は、別れを決めます。だが、ザーラーの婚約者の陰謀で、パキスタンを去ろうとしていたヴィールは、スパイ容疑で逮捕されます。ザーラーの幸福のために、ヴィールは濡れ衣の罪を受け入れます。22年後、パキスタン初の女性弁護士が訪ねてきました。ヴィールは彼女に刑務所に入れられる原因となった事件を語りました。そして、裁判で勝訴し、ヴィールはザーラーと再会し、自分の村で暮らします。

　パキスタンとインドが分離独立したことによる悲劇が描かれています。宗教の違いを抱えたまま分離独立したことによる敵対心、カシミールの帰属問題などパキスタンとインドの間には深くて大きな溝があります。ちょっとしたきっかけで紛争は起きますし、死者が出ることもよくあります。そのような関係の国民同士の恋愛は難しいのです。婚約者の陰謀ではなくても、ヴィールがザーラーと結婚してパキスタンに住んでもインドに住んでも、お互いにスパイ容疑で逮捕されるかもしれません。インドのビザを申請するとき、宗教や父母の国籍、父母の出生地、父母の出生国、祖父、祖母（父方・母方）がパキスタン国籍、またはパキスタン領に属しているか記入する欄があります。インドが、パキスタンを非常に警戒していることがビザの申請書類からもわかりますね。

ところで、ガンディーは、イスラーム教徒の肩をもつ裏切り者とされ、ヒンドゥー原理主義集団民族義勇団のリーダーらに暗殺されました。ガンディーは、イスラームとヒンドゥーによる相互理解の運動をしていたのですが、ヒンドゥー原理主義集団民族義勇団には、理解されませんでした。ガンディーもまた、ヒンドゥー教とイスラーム教の対立の犠牲者だったのです。

宗教とは何なのでしょうか？

前述の通り、宗教対立は、多くの人々を苦しめ、多くの犠牲者を出してきました。本来は、宗教は人々にとって心豊かな生活や生涯を過ごすための拠り所であり、死の恐怖や不安から解放してくれるものだと多くの人は考えているのではないでしょうか。そのような宗教が、皮肉にも実際は対立や不安を引き起こす一因となっています。

映画『PK』（2014年）は、宗教のことなど何も知らない宇宙人が、宗教に接することを通して、宗教とは何か、神とはどのような存在なのかを描いています。

内容は、次の通りです。UFOから降り立ち、全裸で砂漠のド真ん中にたたずむ謎の男PK。男はコソ泥に大事なペンダント型リモコンを奪われてしまいます。コソ泥を追って街に行きますが、行方を聞いてまわっても返ってくる答えはどれも「神様にお祈りするしかない」という言葉です。地球のことを何も知らないPKは、それを真に受け、ヒンドゥー、イスラーム、キリストとあらゆる宗教に入信します。様々な儀式や修行をしてペンダント型リモコンの行方を尋ねますが、どの宗教の神様からも返事はありません。リポーターのジャグーは、その姿をテレビ番組で取り上げようとします。そして、間違い電話に対するジャグーの対応を見て、PKは「私や、他のあらゆる宗教信者からのそれぞれの神への祈りは、この間違い電話のように全然関係のない別の誰かに届いているのではないか？その誰かは、あまりに多く間違い電話がかかってくるので適当なウソをついているのではないか？」と考えます。PKは、新興宗教の導師タパスヴィーが自分のペンダント型リモコンをもっているのを発見しますが、導師は神からの贈り物であると主張し、返すことを拒みます。だが、ジャグーの協力もありペンダント型リモコンを取り返すことができます。

この映画では、宇宙人という一見、奇想天外な設定ですが、宇宙人だからこそ私たちが当たり前に思っていることに疑問をもつのです。たとえば、紙でできたお金でなぜいろいろなものが買えるのか。宗教も、神様はなぜ自分の願いを聞き届けてくれないのか、そもそも自分の願いは神様に届いているのかと疑問に思います。神様が応えてくれないのは、電話のかけ間違いのように、間違ったところに自分の願いが届けられているからではないか？　とユニークな答えを導き出すのです。そして、宗教劇の舞台に出演するシヴァ神の姿をした人を見つけ、神様を見つけたと喜んで追いかけていきます。何にも染まっていないＰＫだからこそ、神様の格好をした人間も本当の神様に見えるのですね。この映画は、宗教大国インドで、ユニークな切り口で宗教を真っ正面から扱い、私たちが当たり前と思っているものに疑問を抱かせます。宗教とは何か、そして、宗教を原因とする対立や紛争についても考えさせてくれる映画です。

コラム：B級神様映画

インドには、たくさんの神様がいます。そして、インドは映画大国です。ということで、神様の映画を制作しないわけがありません。しかし、神様ものの映画は、どうもB級感満載なのです。シヴァ神は、首に蛇を巻いていますが、いかにも作り物で、シヴァ神が動くたびにビヨン、ビヨンという感じで揺れています。また、天界で神様が歩くと、ドタドタと、いかにもベニヤ板などで作った床を歩いている音がします。あまり予算をかけずに制作した神様映画は、逆にインドらしく、筆者は大好きです。

また、『Jai Santoshi Maa』（ジャイ・サントーシー・マー、1975年）という女神が登場する映画では、映画館でみんながスクリーンに向かってお賽銭を投げたそうです。サントーシーは、映画によって大人気になり、実際に寺院も作られるなど、まさに映画が生み出した女神ともいえます。映画の中で、「金曜日の断食を16週間続ければ、サントーシー女神の恩恵を受けられる」とされたため、金曜日はサントーシー女神の日とされるようになりました。映画が宗教にも影響を与えたのですね。

最近ではインターネットで映画を観ることが多いインド人ですが、少し前までは正規品DVDの他に、ボリウッドなどのコピーやB級神様ものなど、あやしげなDVDが街角のあちこちで売られていました。プラスチックのきちんとした入れ物ではなく、安物っぽいビニール袋に入れられてあり、インドっぽくて良かったのですが……。まあ著作権を考えたら良くありませんね。

もしかしたら、DVDで売られていたようなB級神様ものは、今は手に入りにくくなっていますので、貴重かもしれません。

第7章　トイレと生理

もしインドの長距離列車に乗る機会があったら、早朝、窓の外を見てください。草むらにソーシャルディスタンスをとってしゃがんでいる人たちが見えるでしょう。手には何か小さなバケツかツボのようなものをもっています。彼らは、用を足しているのです。いわゆる野外排せつです。

インドに行くと、女性はトイレには苦労します。男性なら野外でもなんとかなるかもしれませんが、女性はそうもいきません。インドのトイレ事情はいろいろな問題があり深刻です。たかがトイレ、されどトイレなのです。

トイレの使い方

インドのトイレには、大きく分類すると、インド式と洋式の2種類があります。インド式は、しゃがんで使用しますので、日本式に似ています。洋式は、便器は洋式ですが、決してレバーやボタンを押したら流れる水洗ではありません。高級ホテルやレストランならともかく、安宿やリーズナブルなレストランの洋式トイレは、手動式水洗トイレです。つまり、バケツに水を汲むか、備え付けのシャワーなどで自分で流すのです。インド式も同じで、自分で流します。

基本的にインド人は、トイレットペーパーを使いません。トイレには、小さなバケツのようなものが置いてあります。それに水を入れて、左手でお尻などを洗います。だから、左手は不浄とされ、左手で握手をしたり、人に手を振ったりしてはいけないのです。また、トイレットペーパーを使うのは外国人やお金持ちですから、ちょっと高いのです。一般庶民が気軽に使い続けられる値段ではありません。しかし、インド人のように水でお尻を洗うのはけっこう難しいです。インド式トイレならまだしも、洋式トイレでの水洗いは高難度です。

列車と空港のトイレ

長距離列車のトイレは、最悪です。トイレはステンレス製で、洋式とインド式の両方があります。便器の底には穴があいていて、糞尿は線路に落ちるようになっています。さて、ニューデリーやムンバイなど始発駅ではピカピカしているトイレですが、数時間もするととても汚れます。なぜこんなところに？　というところに大便が鎮座しています。しかも何人分も。匂いもすごいことになっています。それをものともせず、席をとっていない人がトイレの前で平気で寝ています。この状況は、インドが経済発展しようがＩＴ大国になろうが変わりません。

一方、空港は列車とは真逆です。とてもきれいです。空港のトイレには、トイレを掃除するおばちゃんが常駐しています。いつもきれいに掃除してくれるのはいいのですが、お金を要求されることもあります。トイレの使用料というのではないのですが、まあ、運がよければお金がもらえるかも、という感じです。入国時は両替しても小銭は手に入らないし、帰国時は、すでにルピーは使い切っているため、小銭をもっていません。このようなときのために、少し小銭を残しておいたほうがいいですね。

野外排せつ世界一のインド

野外排せつの問題と村社会の保守的な考え方を取り上げた『Toilet-Ek Prem Katha』(邦題：トイレ　ある愛の物語、2017年)という映画があります。これはマディヤ・プラデーシュ州で起こった夫婦の実話をベースにした映画です。

内容は、次の通りです。農村に住むケーシャヴは列車で出会ったジャヤーに一目ぼれしました。偶然再会し、相思相愛となった2人は障害を乗り越えて結婚します。しかし、結婚初夜が明けた翌朝、ジャヤーは、村の家にはどこもトイレがないことに驚きます。村の女性たちは毎朝、日の出前に集団で村の外まで行って用を足すのです。ジャヤーは屋外で用を足すことを拒み、ケーシャヴに家にトイレをつくってくれるよう頼みますが、保守的なバラモン階級であるケーシャヴの父が頑強に反対します。ケーシャヴとジャヤーはトイレをつくろうとしますが失敗し、ジャヤーは実家に帰ってしまいます。

この映画では、まさにインドの村で問題となっている野外排せつのことを扱っています。ジャヤーは、「トイレがないと知っていたら結婚しなかった」と言っています。彼女は、隣村に住んでいたのですが、隣接する村同士でもトイレの普及とトイレに対する意識がかなり違います。ケーシャヴの村には、トイレがある家はありません。ジャヤーの実家には、トイレがあり、トイレがない生活は考えることができないほど当たり前となっているのです。それに対して、ケーシャヴの村では、女性たちは集団で毎朝、日の出前に村の外まで行って野外排せつするのです。そして、それが当たり前となっており、ケーシャヴは、ジャヤーがなぜトイレがないと大騒ぎをするのか理解することができません。トイレをテーマに物語ができてしまうほど、トイレはインドでは深刻な社会問題なのです。

それを裏づけるデータがあります。ユニセフとＷＨＯが２０１５年に行った調査で、インドは世界一の野外排せつ国だったのです。全世界で野外排せつしている人の６割がインド人で、約5億6425万人にものぼります。2001年のインドの国勢調査では、トイレをもたない世帯63・6％、2011年の調査でも53・1％でした。

そこで、2014年、モディ首相は、「スワッチ・バーラト」という政策を打ち出しました。これは、「クリーン・インディア」（きれいなインド）という意味で、インドの衛生環境を向上させるのが目的です。インドは、他国から非衛生的とか汚いというイメージをもたれていますが、これに対して、衛生環境を改善し、国民の健康を守ろうというものです。モディ首相は、そのためには、まずトイレをつくることが重要だとしたのです。そして、2019年には野外排せつゼロ宣言をしました（これには、いろいろ異論があり、ゼロの定義〈?〉にはかなり疑問があります）。

野外排せつには多くの問題があります。まず、井戸や川の近くで糞尿をすると水が汚染され、その水を利用する人の健康を害するということです。女性は、レイプの危険性があります。

しかし、トイレは設置すればいいというものではありません。トイレやタンクを清掃するなど管理を維持しなければならないのです。農村には下水道がないため、糞尿を溜めるタンクが必要になりますが、いっぱいになったら処理したり清掃したりしないといけません。

　トイレは不浄とされていますので、本来ならばトイレ清掃のカーストがする仕事です。今までトイレをタダでしていた人たちにとって、いくら補助金が出ても、維持費を負担してトイレを設置するくらいなら、野外でいいではないかということになります。

　ならば、自分で清掃すればいいのでは、と思いますが、清掃カーストと見下してきた人たちと同じことをしなければならないということで、かなり抵抗感があります。映画『ガンジー』でもガンディーの妻が、トイレ掃除を拒否するシーンがあります。それに対して、ガンディーは、人は平等であるからみんながトイレ掃除をしなければならないと説明します。

　また、トイレ設置に反対する人の言い分の1つは、『Toilet-Ek Prem Katha』の父親のセリフ「けがれをもたらすトイレを家の敷地につくるなどとんでもない」に代表されます。排せつ物はけがれているという意識から、トイレを家内どころか家の敷地内につくることにすら拒否反応があるのです。

　さらに、トイレは必要ではないという人もいます。その多くは男性ですが、女性の中にも必要性を感じない人たちもいます。野外で何が悪いのか、と疑問に思う人たちは、トイレよりも優先すべきことがあるし、トイレにお金をかける意味がわからないのです。今まで野外で何の不自由もなかったため、トイレよりも借金問題や道路の整備、電気のほうが必要だとする人たちもいます。その人たちにとってはトイレは生活必需品ではないのです。トイレとその他のどちらを優先するかは、価値観の違いです。

清掃カースト

清掃カーストは、不可触民（ダリット）として長年過酷な労働を強いられてきたカーストであることは第2章で前述しました。1993年に「マニュアル・スカベンジャーの雇用と乾式トイレの設置禁止法」という法律が施行され、手作業で排せつ物などを処理することが禁止されました。2013年には、「人手による排泄物清掃人雇用禁止およびリハビリ法」で、下水管や汚物処理タンクなども手作業で清掃することが禁止されました。しかし、素手で作業する清掃人は多く、事故や感染症で命を落とす人が絶えません。

野外排せつと女性

女性の野外排せつにはたくさんの深刻な問題があります。女性は、草むらなど人に見られないところで夜間や早朝に排せつをします。サソリやヘビなどに襲われたり、レイプをされたりする危険もあります。

そのため、女性は野外排せつする回数を極端に減らしているのです。1日1回の人もいます。回数を減らすともちろん健康にはよくありません。特に、夏は40℃から50℃になることもあります。水分補給を十分にしなければ命に関わる気温です。それでも、女性の中には、水分をとるとトイレに行きたくなるので、水分をとらないという人もいます。

筆者も、長距離バスで移動したとき、野外排せつを経験しました。トイレ休憩でバスが止まったので、降りてトイレを探しましたが、どこにもないのです。バスの車掌にトイレの場所をきくと、野原を指差して「ここがトイレだ」と言いました。同じバスに乗っていたインド人女性と欧米人女性数人と、お互いに顔を見合わせて苦笑しながら用を足しました。他にもバスの休憩で野外排せつを何度か経験しました。

さて、インドでは、糞尿だけではなく、生理も不浄のものとして女性は生理の間、けがれた存在とされます。そこで、次に生理について見ていきます。

インドの生理事情

映画『Padman』（邦題：パッドマン　5億人の女性を救った男、2018年）は、生理用ナプキンをインドに普及させた男性をモデルとした実話ベースの映画です。アクションスターのアクシャイ・クマールが主演です。

内容は、次の通りです。2001年、インドの小さな村でラクシュミは、新妻ガヤトリが貧しくて生理用ナプキンが買えないため、不衛生な布で処置していることを知ります。ラクシュミは妻を救うため、清潔で安価なナプキンを作ることを思いつきます。ラクシュミは、村の人々から誤解されたり困難に直面したりして、村を離れることになります。それでも諦めないラクシュミに賛同する女性パリーの協力もあって、ラクシュミは低コストでナプキンを大量生産できる機械を発明します。そして農村の女性たちにナプキンを与えるだけでなく、製造機を使ってナプキンを作る仕事の機会をも与えようと奮闘します。

映画の中で、食事中に妻ガヤトリが突然、部屋の外へ行きますが、ラクシュミは理由がわかりません。妻が「女のアレだから」と言うと、ようやくわかります。しかし、彼は「外にいれば解決するのか」と問い、部屋の中に入るように言いますが、妻は、「みんなそうする」、「けがれの間の習わしなの」と言って中へ入りません。映画の冒頭の時代設定は

2001年ですが、インドの村はまだとても保守的で昔ながらの習慣や考え方をしています。インドでは宗教的に、生理期間中の5日間は部屋に入ることができず、食事も睡眠も家族と別にしなければならないとされているからです。生理は「けがれ」とされているからです。そのため、ラクシュミの妻は、けがれるからと部屋の外で寝起きしているのです。部屋の外は蚊などの虫が多く、ヘビなどもいるため危険です。また、ヒンドゥー教徒の多いネパールなどでは、生理のときに粗末な小屋で寝起きしなければならない地域もあり、そのため冬に凍死することもあります。

また、生理ナプキンは、2001年ごろはまだ性能も悪く、分厚いわりには吸収が悪いものしか市販されていませんでした。映画では、都市から仕事で来た女性が、急に夜、生理になり、タクシーで薬局をめぐり、生理ナプキンを買おうとしますが薬局は閉店していて買えません。そこへラクシュミが通りがかって自作のナプキンをあげます。都市部ではナプキンを使用している女性もいましたが、高価なため、都市部でも一般の女性はあまり使用していませんでした。映画では、数枚で55ルピーでしたが、ラクシュミの妻は、自分と妹たちがみんなで使うとバターや牛乳さえ買えなくなるから返品するように言います。そのため、村などでは汚い布で生理の手当てをしているのです。

そして、生理のことを話すことはタブーとされているため、清潔なナプキンを安価で大量に生産できる機械の開発に打ち込むラクシュミは、周囲から変人扱いされます。安全で安価なナプキンを作ることに成功したラクシュミは、それだけではなく、女性たちがナプキン作りで経済的に自立できる仕組みを作りました。ラクシュミのモデルとなったアルナーチャラム・ムルガナンダムは、2014年、『タイム』誌で「世界で最も影響力のある100人」にも選出されています。

生理に関する考え方を変えなければ、生理用ナプキンの普及もできなかったインド。生理期間中、外で過ごさなければならないことに対してラクシュミは、「バカな習わしだ。こんな習わしは変えよう」と言います。しかし、妻は賛同しません。妻は、「関わらないで、女の問題よ」と言います。女性自身が生理中はけがれた存在であると考えているのです。

また、生理用品として汚い布を使い、婦人科の病気になる女性もいます。映画では、ラクシュミが職場で怪我をした同僚を、清潔で血を吸収することができる生理ナプキンで手当てします。みんなには非難されますが、病院で医者は、すばらしいと褒めます。そこでラクシュミは、医者に生理に関する問題を相談します。医者は、「毎月10人が汚い布を使っているせいで病院に来る。不妊や亡くなる人もおり、深刻だ」と指摘します。

インドでは、ＩＴ技術が進んでも、古い考えが強くはびこっていました。生理に対するけがれの意識は、女性自身さえもなかなか捨てられず、意識改革もできなかったのです。

生理ナプキンを妻に渡すとき、ラクシュミは「君を守るものだ」と言います。しかし妻は、それよりも習わしを重視します。生理ナプキンの普及は、男性だけではなく女性の考え方も変え、清潔に使用することで病気や不妊を防ぐことにもつながっていくのです。

さて、このように見ていくと、貧困といった経済格差、女性蔑視といったジェンダー、レイプなどの犯罪の問題がトイレや生理につながっているのがインドの特徴といえるでしょう。

コラム：トイレの使い方ぐらい学習して！

インドの宿のトイレは、お高めのホテルは水洗で、トイレットペーパー完備です。ムンバイのタージマハルホテルは、泊まり客ではなくても外国人なら入ることができます。ここのトイレは夢のようにきれいでした。しかし、バックパッカーが泊まるようなリーズナブルな宿は、インド式トイレか手動洋式トイレです。手動洋式トイレの場合は、トイレットペーパーをゴミ箱に捨てますが、このことを知らない人が、流してしまいます。すると、詰まります。詰まったら棒などでかき回して流します。このルールを知らない人が、そのまま放置していくのです。いつも筆者が泊まる宿では、このようなことがよく起こります。いつもは宿の人が掃除してくれますが、常連の筆者は、たまにこの放置されたトイレ掃除を頼まれてしまいます。とにかく、トイレの使い方ぐらいは学習してからインドに来てほしいものです！

第8章　インドの教育

日本でも、2桁掛け算まで暗記するインド式計算法が流行ったことがありました。そこで、インド式教育が注目され、インド人学校に入学させる日本人もいました。また、Google、Microsoft、Adobe、IBMなど世界的な大企業のトップがインド人であることからも、インドの教育が注目されています。

インドでは、イギリスやアメリカなどに留学や就職する人も多いため、ヒンディー語よりも英語が重要視されており、英語教育に力を入れています。最近では、インドに英語留学をする日本の大学生もいるほどです。

しかし、日本は、全国どこの都道府県市町村でも同じ教育内容と同じレベルの教育を受けることができますが、インドは、州によって教育内容が異なります。

映画『Hindi Medium』（ヒンディー・ミディアム、2017年）は、インドの教育事情とそれにふり回される親についてコメディータッチで描いています。

内容は、次の通りです。ブティックを経営しているラージは妻のミータの希望で、1人娘ピアに、全授業を英語で行うデリーでも指折りの私立進学校を受験させることにしました。しかし、英語も満足に話せないラージとミータは、面接で適切な回答をすることができず、応募自体を拒否されてしまいます。そこで、低所得者用の入学枠が残っていると知ったラージは低所得者のふりをすることにしました。同じく息子を入学させようとしている気のいいシャームの協力でピアは合格しましたが、シャームの息子モーハンは落ちてしまいます。ラージは不正をしたことを告白し、ピアを私立進学校から退学させ、モーハンと同じ公立校に通わせることにしました。

この映画のタイトル『ヒンディー・ミディアム』は、ヒンディー語で教育する学校という意味ですが、続編として『Angrezi Medium』（邦題：イングリッシュ・ミディアム、2020年）という映画も制作されています。インドでは、英語で授業をする学校は富裕層のエリートが通う学校で、ヒンディー語などインドの言語で授業をする学校は一般家庭が通う学校とされています。英語で授業をする学校、つまりイングリッシュ・ミディアムは学費がとても高いのです。しかし、インドには留保制度があり、留保枠の条件に当てはまる人をある程度の割合で入れなければならないことになっています。

では、まずインドの教育の仕組みを見ていき

『Hindi Medium』（ヒンディー・ミディアム）

ましょう。

インドの教育の仕組み

インド憲法では、教育は、連邦と州の協同事項とされています。連邦政府による基準を採択するかどうかは州政府に任されています。そのため、州によって教育制度に違いがありますが、就学前教育、前期初等教育（1年～5年）、後期初等教育（6年～8年）、前期中等教育（9年～10年）、後期中等教育（11年～12年）、高等教育の5・3・2・2制を基本としています。

そして、インドの義務教育は、初等教育段階までとなっています。その間、生徒は無償で教育を受けることができますが、実際には、ほとんどの州が中等教育まで無償で教育を実施しています。

また、中等教育段階では、普通教育と職業教育に分かれます。普通教育は、進学を希望する生徒が選択し、人的資源開発省の所管となります。職業教育は、就業を希望する生徒が選択し、労働雇用省の所管です。職業教育の中には、初等教育以上を修了した生徒を対象とする産業訓練機関と前期中等教育以上を修了した生徒を対象としている学校があります。中等学校（10年生）修了後、第10学年修了共通試験に合格した者は上級中等学校に進み、2年間の教育を受けます。その後、第12学年修了共通試験を受け、その結果によって大学に進学するのです。大学によっては別に入学試験を行うところもあります。

学校の種類

インドの学校は、政府立学校、地方自治体立学校、政府認可を受けた私立、無認可校の4種類があります。認可補助有校は、政府の財政補助を受ける代わりにカリキュラム、教授語、スタッフ人事などを政府が統制下に置いている公立学校に準じた教育機関です。認可補助無校は、財政補助を受けない代わりに政府からのコントロールが弱い学校で、無認可校は、すべて政府の管理・統制の外で経営をしている学校です。インドは、これまで述べた通り、家庭環境、地域環境、民族、カーストなど様々な違いのある社会ですから、日本のように全国一律に公立と私立学校というように設置することは難しいのです。様々な形態の学校があることで、子どもの家庭環境などに合わせて学校に行きやすくすることができるのです。

教育と法

インドの義務教育は、独立後の1950年1月26日に施行された憲法第45条で「各州は、すべての子どもに対し、14歳に達するまで、無償義務教育を憲法の発効から10年以内に保障するよう努める」と規定されました。しかし、当時の就学率は、非常に低く、1970年の識字率も30％を下回っていました。1980年代後半から初等教育の普及が大きな国民的課題として議論され、それまではあまり初等教育に関与してこなかった連邦政府が積極的に乗り出すこととなりました。

そして、1992年には、全国教育政策を改正し、女子教育の重視と初等教育の質の向上を唱えたことに加え、憲法改正により初等、中等、成人、ノンフォーマル、職業教育の管理を地方議会などの権限とすることが定められました。この結果、教育における行政権限は州からさらに下の機関へと移り、住民の意思を反映しやすいものに変わったのです。

そして、2002年に憲法改正が行われ、6～14歳のすべての子どもは教育を受ける権利を有することが明記されました。また、憲法によって教育を受けることが国民の基本権と位置付けられました。子どもが就学しない理由の1つは、親が教育の意味を見いだしていなかったり、子どもを労働力としていたりなど親側が原因となっていることも多いからです。憲法で親の義務として子どもの教育を規定していることは大変重要で意義のあることなのです。

2009年には、インド憲法第21条にもとづき「無償義務教育に関する子どもの権利法(RTE)」が制定されました。RTEは、6~14歳までのすべての子どもが学校で無償の義務教育を受ける権利を有することを認めています。

一方で、RTEが施行されたことで、インド各地に展開する無認可学校は、その法的正当性を喪失することになりました。インド各地の無認可学校は閉鎖を迫られることになってしまったのです。

しかしながら、働く子どもや山間部などの通学困難地域の子どももいるなど、多様な環境に置かれた児童に一律に同じように教育を受けさせることは大変困難です。無許可学校があるからこそ教育を受けることができる子どもにとっては、逆に教育の機会を奪うことにもなりかねないため、各州の対応は分かれることになりました。

たとえば、デリーでは、既存の認可条件を見直すことで、経済的な理由により認可条件を満たすことができない無認可学校の一部を正規化しました。一方で、アーンドラ・プラデーシュ州では、政府が厳格な認可基準のもと無認可学校を統制することで、数百もの無認可学校が閉鎖に追い込まれました。

政府の影響をどこまで受けるのか、あるいはどのような教育状況にあるのかなど、州によって対応が違うということは、すなわち、どの州に居住しているかによってどのような初等教育が受けられるかが違ってくるということなのです。

『ヒンディー・ミディアム』でピアの父ラージは、彼の店の従業員の娘がRTEを利用してピアが不合格となった学校に合格したことを知ります。RTEでは、全生徒のうち低所得者を25％受け入れなければならないのです。そこで、ラージは富裕層にもかかわらず、RTEを悪用して書類を偽造してRTE枠で娘を名門私立小学校に入学させます。ただしRTE枠は抽選なので、最後は運なのですが。この不正は、社会的問題となっており、映画の中では、教員が家庭訪問をして実際に貧困地域に住んでいるかを確認します。ラージの家族は、ラージの妻の提案で貧困地域に引っ越し、工場で働いて偽装します。あの手この手で法の網の目をくぐって子どもを名門校に行かせようと考えているのはラージ夫妻だけではありません。映画の中のニュースでも富裕層がRTEを利用しようとして失格になったり、賄賂を渡そうとしたりと親も必死です。

教育の実態

筆者は、ウッタル・プラデーシュ州在住でインド人と結婚し、子育て中の日本人女性2人（EさんとIさん）にインタビューをさせてもらったことがあります。2人とも、「学校については、インドはまともなところは私立しかない。公立は無料だが先生がいなかったり、学校とは別の場所で先生がアルバイトをしていたりした。ある程度余裕があれば私立へ通わせるが、私立にも上下の幅がある」と語ってくれました。

インドでは、1980年代前後あたりから、私立学校はエリート学校という構図が大きく変化しました。富裕層向けの学校が設立されるとともに、私立学校でも低所得層を対象とした学校が出現するようになったのです。

公立学校と私立学校でなぜ格差が生まれてしまうのでしょうか。中央政府が設立・運営する国立学校には、中央政府の公務員および防衛職員の地方移動に伴う子弟の教育のための中央学校組織（KVS）と、貧困層、被差別グループの子どもたちなどを主な対象にしたジャワハル・ナボダヤ学校（JNV）があります。

インドはどの学校に行くかによって教育の質がかなり違ってきます。特に公立学校の評判は悪く、子どものことを思うなら、無理をしてでも私立に通わせなくてはならないのです。しかし、ＫＶＳとＪＮＶには政府は多くの予算をとっており、一方、普通の公立学校への予算はかなり低くなっています。これでは公立学校の質は維持できず、私立学校との格差がますます開くのは当たり前です。

『ヒンディー・ミディアム』でも、ラージ夫妻がシャームの息子が通う公立小学校に寄付をするために訪問しますが、あちこち傷んだ建物を修理することができず、水道もないなど予算不足であることが描かれています。

また、公立学校の質が悪い一因には、教員の問題があります。教員は、学校にいないことが多く、勤務状況が悪いことがよく指摘されています。予定された日数の3分の2しか教員が授業をしなかったということはまれではありません。援助機関の担当者などが、学校を訪問しても教員が不在であったということは非常に多いのです。

さらに、教員の質にも課題があります。これはインドだけの問題ではなく、ユネスコ（２０１６年）によると、インドを含む南・西アジア地域の教師の質にも課題があることを指摘しています。全教師のうち、訓練を受けた教師が占める割合は、南・西アジア地域では68％で、世界で最も低い割合であるとしています。

さらに、インドでは、初等教育の普及に向けて、多くの後期初等教育（6～8年生）を開校したため、小学校教師が不足しているといわれています。そこで、対策として2011年からインド政府は訓練を受けていない小学校の教師に対し、中央教師資格試験に合格することを義務付けています。しかしながら、多くの教員が授業を行うには知識が十分ではありません。きちんと出勤しない教員が、知識不足で、質の低い授業しかできないという実態が調査からも明らかになっています。

以上のように、インドでは学校にも教員にも多くの問題と課題が山積しています。主要20州の農村部で2003年に実施された調査「MEPA and Government of India」では、私立学校のほうが教員の無断欠勤や授業放棄が見られず、生徒の出席率やテストのスコアが高い傾向があることが指摘されています。きちんとした教育を受けたければ、私立学校に行かなければならないという格差がさらに格差を生む構図があり、単に学校だけの問題ではなく社会の構造的な問題でもあるのです。

学歴競争

『ヒンディー・ミディアム』では、教育コンサルタントが、「妊娠3カ月で（入塾のために）ここに来る」と言っています。つまり、生まれる前から競争は始まっているのです。

さらに、教育コンサルタントは、「名門小学校を逃せば、名門大学進学は諦めるしかない。名門大学に行かないと外資系に就職できない」とラージたちに危機感をもたせます。

実際に、先述のEさんもIさんも子どもを就学前教育に3歳から入れましたが、本来は2歳からです。つまり2歳から集団生活をするのです。インドでは日本よりも早い段階で教育を開始しています。就学前からすでに学歴競争が始まっているのです。

また、受験勉強は子どもだけでなく、両親もしなければなりません。『ヒンディー・ミディアム』では、ラージたちは学歴がなく、また、ラージは英語も得意ではないため、願書もきちんと書けません。試験では両親の面接があり、教育コンサルタントと模擬面接をして対策しますが、4校受験して、すべて不合格でした。ラージは、教育コンサルタントにその理由を尋ねます。すると「商売人の親は好まれないの。学校は両親の学歴を見るので教育熱心だと思われない」と言われます。学歴競争は、生まれる前どころか両親の学歴から始まっているのです。ここまで露骨ではありませんが、日本も似たような構造です。いわゆるエリートがエリートを生むという再生産です。年収の高いエリートが子どもの教育にお金をかけるだけではなく、社会において有利な振る舞いや考え方、趣味などを身につけさせるのです。

ドロップアウトする子どもたち

『ヒンディー・ミディアム』の中で、教育コンサルタントが、「貧しい家の子が学校になじめるはずがない。別世界に生きているの。そうでしょ？　入学しても数年で退学」と言っています。名門私立小学校に入学することができても続けることは難しいのです。映画の中でも、ＲＴＥ枠で入学して授業料が無料になっても、課外活動費として2万4000ルピーを払わなければならないため、ラージが実は金持ちだと知らないシャームは、当たり屋をやってラージのために課外活動費を工面します。

学歴競争を繰り広げる子どもたちがいる一方、就学できなかったり不登校になったり退学したりする子どもたちもいます。就学しても続くとは限らないのです。ドロップアウトも就学と同じように問題なのです。ドロップアウト率は、上級学年になるにしたがって高くなっていきます。また、指定カーストや指定部族のドロップアウト率が高く、就学率が高くなっても勉学を続けられないのです。

さて、子どもが「学校外」に置かれている理由について見ていくと、経済的理由、学校での勉強に関心がない、保護者が教育を必要だと考えていないなどがあります。「学校外の子どもたち」やドロップアウトする子どもの親の多くは、子どもが学校に行くことの意

『Super 30』（邦題：スーパー30
アーナンド先生の教室）

味や必要性といった動機に対する意識が欠落しており、学校に行く暇があれば自分の仕事を手伝ってほしいと考えているのです。せっかく就学してもドロップアウトする児童が非常に多いことは、学習を続けることが難しい環境であったり、本人の問題だったりといろいろ原因はありますが、就学率とともに見ていかなければならない問題です。貧困は、出席率に深刻な影響を及ぼし、ドロップアウトにつながるのです。

ところで、映画『Super 30』（邦題：スーパー30　アーナンド先生の教室、2019年）は、貧しいながらも能力の高い子どもたちを無償で教え、最難関大学のインド工科大学に合格させるという映画です。実在の教育者や教育プログラム（「SUPER30」）をモデルとした映画ですが、この「スーパー30」というプログラムは、いまも続けられています。

映画の内容は次の通りです。ビハール州の貧しい家庭に生まれたアーナンドは、数学の才能を認められ、イギリス留学のチャンスを得ます。しかし、渡航費用を工面することができず、父も心臓発作で他界したため、留学を断念します。町の物売りとして暮らしていた彼は、予備校経営者のラッランに見いだされて人気講師となります。やがてアーナンドは路上で勉強する貧しい若者との出会いをきっかけに、私財をなげうって私塾「スーパー30」を開設します。意欲と能力がありながらも貧困で学ぶことができない子どもたち30人を選抜して無償で寮と食事を与えます。インド工科大学を目指して数学と物理を教えますが、教育をビジネスとしか考えていないラッランに妨害されます。しかし、アーナンドは型破りな教育で生徒たちを導いていき、インド工科大学に30人全員が合格しました。

この映画の中で、路上で勉強している少年が登場します。アーナンドが、少年の父親に、「（少年は）勉強が好きなのか？」と聞きます。父は、「勉強なんかしてバカなやつだ。勉強してもムダだと何度も言ったのに」と勉強に否定的です。アーナンドが「なんでそう考える」と聞くと、神話を引き合いに出しながら「王の子どもだけが王になる」と言います。その父親は、貧しい家の子がどれだけ勉強しても結局は金持ちの子の犠牲になって出世できないと考えています。教育に意義を見いだせず、子どもの教育を受ける権利を奪っていることにも気がつかないのです。親は、教育で社会構造は変わらないと思っているのです。

そして、地域による格差も大きいのです。本来就学すべき年齢の子どもの人数をその年齢の人口で割った割合を「純就学率」といいますが、世界銀行の統計（1999~2000年）では、ビハール州の北部、中部地方では純就学率は20％台となっており、全国の80の地方のうち5分の1では純就学率は50％以下とされています。さらに、識字率（1991年）では、ウッタル・プラデーシュ州の中の「郡」で見ると高い郡で男78％、女69％である一方、低い郡では男36％、女11％と相当な地域格差、男女格差があります。また郡よりさらに村まで下りていくと、さらに格差が広がっていきます。[SRI IMRB-International2014]。

インドでは、女性は結婚してしまうと一族から離れるという社会習慣があるため、女子教育は、「投資」としては見返りのないものとして消極的に判断される傾向があります。また、女子児童をもつ親は、教員が女性であることを就学の条件にすることが多いのですが、これは社会的な価値観に加え、思春期の女子生徒の指導への配慮の期待や、男性教員からのハラスメントを恐れるためです。

インド教育の問題点

映画『きっと、うまくいく』では、インドの教育の問題点が非常によく描かれています。

まず、過度な競争と学生の自殺が多いということです。『きっと、うまくいく』では、学長の言葉をランチョーの友人であるファルハーンが引用し、「僕らにとって人生は競争。必死で走らないと蹴落とされる」、また、「いい成績をとるためには自分が勉強するか、他人が失敗するか……」と言います。インドの過度な競争社会を表現しており、それが学生の自殺率の高さとなって現れています。映画の中でも留年を告げられたジョイという学生が首つり自殺をするというエピソードがあります。ランチョーは学長に対して、原因は学校の圧迫のせいであり、自殺ではなく殺人だと言います。以下はランチョーと学長の会話です。

学長「ジョイの自殺は私のせいだと？　うつになるのも私が悪い？　人生の失敗は全部他人のせいか？」

ランチョー「問題は学長ではなく社会の構造です。この統計ではインドは最大の自殺国です。90分に1人学生が自殺してます。病死より自殺のほうが多い。変でしょう？」

学長「他大学のことは知らんが本学は優秀な大学だ。私は32年間運営し28位から全国1位にした」

ランチョー「何のための1位です？　本学では新発明も出ていない。評価されるのは成績や海外での就職率だ。ここは学問ではなく点の取り方を教えている」

旧来のやり方を通す校長とそれに従う学生がほとんどの中、それを打破しようとするランチョー。実はランチョーは庭師の息子である立場から思わぬ形で学ぶチャンスを与えられた人物でした。そうしたことから柔軟な考え方をし、競争ばかりを強調する社会に疑問を抱くのです。そして、このランチョーの指摘は、教育とは何かという根本的な問題を考えさせるものです。

一方、ファルハーンは、生まれて1分後に父親に「この子はエンジニアにする」と言われます。ファルハーンの家はすべてのお金を息子の学費やエアコンなど学習環境を整えるために使っています。熾烈な競争社会において勝つか負けるかという2択しかない中で、親は子に過剰な期待をし、プレッシャーを与えているのです。インド工科大学（IIT）のような、合格率1％未満といわれている超難関大学を良い成績で卒業すれば、世界的な企業からも引く手あまたで、勝ち組となるからです。

しかし、誰もが大変な入学審査をくぐり抜け、大学で良い成績を挙げるためにがんばることを疑問に思わない中、ランチョーは、具体的な事例を挙げてそれを批判しますが、実は誰もがそう思ってもプレッシャーから目を背けていたのです。だから、学長がランチョーに授業のお手本を見せろと言って授業をやらせたとき、学生たちはランチョーの指摘に賛同したのです。

さて、インド政府の統計によると、2021年に自殺した人は16万4033人で、自殺率（10万人あたりの自殺者数）は約12人です。自殺した学生は1万3089人で、15〜29歳の年代層では、自殺が死因のトップとなっています。過度な競争と親からのプレッシャーが自殺者の数からもわかります。

また、この映画では、親世代はエンジニアと金融関係を勝者として位置づけています。そしてランチョーをライバル視するチャトルはその価値観をそのままもっていて、10年後に大会社の副社長になりますが、ランチョーの住所がラダックの小学校ということでバカにします。しかしファルハーンはランチョーへの敬意が逆に深まったとしています。ファルハーンは、自分たちや他の学生の進学は学位目的、就職などのためだが、ランチョーは学問のために大学へ行ったからです。インドの学校では理系の科目に重点を置いています。エンジニアは理系の仕事であり、有望な就職先で堅実な職であるとインドでは考えられています。それに対して教職に就くものはどちらかというと負け組に位置づけられています。

ところで、『スーパー30』では、インド工科大学に30人全員を合格させます。インド工科大学は、インド工科大学を落ちてもマサチューセッツ工科大学には合格するといわれているぐらい合格率がきわめて低い大学です。インドでは、「王の子どもだけが王になれる」といわれていますが、アーナンドはそれを否定し、「王になるのは能力のある者だ」と子どもたちを奮い立たせます。エリートがエリートを生む構造に立ち向かい、貧しくて大学に行くことができない子どもたちを最難関大学に合格させることは、既存の社会構造を変革させる原動力になります。

アーナンドの取り組みは、単に貧困層の子どもたちを救済するというだけではありません。優秀な人材を見いだし、育てることはインドの発展への貢献にもつながります。今まで見過ごされてきた優秀な人材がインドだけではなく、世界で活躍しているのです。

アーナンドが郵便局でイギリスに論文を郵送する際、切手代が足りなかったとき、アーナンドの父は、郵便局にいる人たちに寄付してもらうように言います。そして「掲載されればビハールは有名になる」と言いますが、郵便局員たちは否定的です。どうせイギリスに横取りされると言うのです。父は、「なぜ知識がなくなった？　全員に教えないからだ。

教えれば知識は2倍になる。教えないとゼロだ」と言います。まさにこの言葉が、教育の意義を表しているのではないでしょうか。ビハール州はインドの中では最貧地域とされていますので、多くの人が教育に意義を見いだせないのです。

しかし、アーナンドの父は、息子の留学費用を工面するために年金を前借りしたり、銀行にローンを申し込みに行ったりとがんばります。父は教育の重要性を認識していたのですね。だからこそ、アーナンドは無料の私塾で子どもたちに教育のチャンスを与え、子どもたちの未来を切り開いていくことができたのです。

コラム：かわいい通学風景

インドにもスクールバスはあります。黄色いバスが多い気がしますが、大通りに何台も停まっている様子は、まるでバスセンターのようです。

また、スクール・リキシャとでもいえばいいのでしょうか、サイクルリキシャ（後部に客席をつけた自転車タクシー）で子どもたちを学校に送り届けるシステムもあります。小学生が、サイクルリキシャに鈴なりになって乗って通学する姿はとてもかわいいのです。

サイクルリキシャの座席部分は板を渡してたくさん座れるように補強してあります。女の子たちは髪を3つ編みにして丸く輪っかを作ってリボンをしています。水色と白の制服を着て、先にリキシャに乗った小学生が後から来る子をワイワイと楽しそうに待っています。その光景を見るたびにほっこりします。

第9章　貧困

最近のインドは、ＩＴで発展して、お金持ちがいっぱいいる国だというイメージをもっている人もいるかもしれません。しかし、インドを旅したことがある人の中には、物乞いに囲まれた経験がある人もいるでしょう。１人にお金をあげると、次から次へとお金をもらいにきて、気がついたら囲まれていた、ということはよくあることです。赤ちゃんを抱っこした若い母親、下半身がなく、スケートボードに乗って移動する男性、生まれてから１度もシャワーすら浴びたことがない子どもたち。物乞いの数が多いということは、それだけ貧困社会なのだと感じるでしょう。

さて、『きっと、うまくいく』では、ランチョーの友人ラージューの家に行くエピソードがあります。ラージューの父は脳卒中で倒れ働けなくなったことから、母親が下働きのようなことをしてわずかばかりの収入を得ています。ラージューの父は郵便局に勤めていましたが、病気で働けなくなると最低クラスの生活しかできないのが現状なのです。インドの社会福祉、年金は低所得者に十分には行き渡っていないのです。

そして、『ヒンディー・ミディアム』では、ＲＴＥ枠で入学をするために、貧困層地域に住むエピソードが描かれています。そこでは、超満員バスで通勤し、低賃金でトイレの回数と時間が制限され、過酷な労働をし、家ではコンクリートの床にごろ寝して、電気も水も十分ではない生活をしています。そして、配給の米や水をうまくもらえなかったりと苦労します。本来は富裕層のラージ夫妻は、過酷な環境の中で、今まで意識することのなかった富裕層と貧困層の格差を認識します。

では、インドの貧困とはどのようなものなのでしょうか。その実状を見ていきましょう。まずは、そもそも貧困とは何かを少し考えてみたいと思います。

貧困とは？

貧困の定義にはいろいろあります。その代表的な考え方の1つに、「絶対的貧困」と「相対的貧困」というものがあります。相対的貧困とは、その国や地域など、周りと比較して、大多数よりも貧しい状態のことです。絶対的貧困とは、その国や地域のレベルとは関係なく、生きることが困難なレベルで、生活水準が低い状態のことをいいます。

また、貧困を定義する指標にはいくつかの種類があります。代表的なものに国連開発計画（UNDP）による「多次元貧困指数（MPI）」と、世界銀行による「国際貧困ライン」があります。多次元貧困層とは、「健康、教育、生活水準に関する加重指標のうち、少なくとも3分の1で貧困状態にある人々」です。指標には、「安全な飲料水が手に入らない、または30分以上歩かないと安全な飲み水が手に入らない」「世帯内で誰も6年間の教育を修了していない」など10の指標があり、そのうち3つ以上に当てはまると貧困状態とされます。2019年は、世界の101カ国、57億人（世界の総人口の76％相当）の中で、約13億人が多次元貧困状態にありました。

そして、世界銀行では「国際貧困ラインで暮らす人」を、貧困層と定めています。国際貧困ラインとは、「1人あたり1日 1・9米ドル以下で生活する層」とされています。世界銀行によると、2015年には、世界人口の10％にあたる7億3400万人が国際貧困ラインに該当するとしています。そのうちの半数は、インド、バングラデシュ、アフリカ3カ国（ナイジェリア、コンゴ共和国、エチオピア）に集中しています。

また、所得以外の基準で貧困を捉える試みもあります。1976年に国際労働機関（ILO）が提唱したのは、衣食住の充足だけでなく、「（人間の基礎的なニーズが満たされている）最低限の生活水準」としています。これは、水や衛生、公共交通、保健、教育などのような基礎的な社会サービスを利用できるだけではなく、雇用や社会参加が保障されている生活を基準としています。

しかしながら、貧困とは、所得などの物質的な面だけではありません。たとえば国連は、

「意思決定に参加できないこと」「人間の尊厳の侵害」「無力さ」「暴力の影響下にあること」など非物質的な要素も貧困の定義に入れています。このように、「取るに足りないと分類される」「屈辱的」など、社会関係から受ける内面の傷としての非物質的な面での貧困もあります。ポール・スピッカーという人は、「階級、地位、社会的排除、人権の欠如などの社会関係によって構築される」と貧困の概念を定義しています。

貧困には、物質的な面や非物質的な面など、いろいろな捉え方や考え方、指標、定義があるのです。

インドの貧困の現状

映画『Slumdog Millionaire』（邦題：スラムドッグ$ミリオネア、2008年）は、イギリス映画ですが、インドの貧困の様子を描いています。

内容は、次の通りです。2006年のムンバイで18歳になったジャマール・マルクは、賞金付きクイズ番組「クイズ$ミリオネア」に出演します。しかし、次々と正解するジャマールを司会者が疑い、そして賞金を払いたくないテレビ番組会社のせいで警察に連行され、尋問されます。その尋問で、教育も受けていないスラム出身のジャマールですが、子

『Slumdog Millionaire』（邦題：スラムドッグ$ミリオネア）

どものころの経験から答えを導き出していることがわかります。彼は、運も手伝って２０００万ルピーを勝ち取ります。

さて、ジャマールが住んでいたのはムンバイのスラムのダラヴィ地区です。狭い路地に隙間なくひしめき合う住居。住居の屋根にはトタン板やブルーシートがかぶせられています。地区内には大量のゴミの山、用水路はまるでドブで、ゴミを拾う男性などが描かれています。

ジャマールは、兄とともにゴミ集積場で生活を送っていましたが、子どもに物乞いをさせる元締めのギャング・ママンに声をかけられて、彼についていくことになりました。でも、ママンが物乞いでもっと多く稼げるようにするために、子どもたちの視力を奪うなどの虐待行為を行っていることを知ります。ジャマールたちは逃げ出し、しばらく兄弟だけで列車内で稼ぎながら生活をします。このようなことは、映画の中だけの話ではありません。物乞いとして同情されて稼げるように、親が生まれた子どもの腕や足を切断することが問題となったこともありました。

ところで、ジャマールは賞金2000万ルピーを獲得しますが、これは当時のレートで日本円では4000万円です。当時のチャイの値段は1杯5ルピーぐらいでしたので、2000万ルピーは、インドの物価からすると、億万長者という感じですね。

さて、在インド日本国大使館のデータによると、2000年の所得層別人口は、高所得層（世帯可処分所得35千ドル以上、可処分所得とは所得から税金や社会保険料などを引いた残りの手取り収入）が0・4%、中間層（世帯可処分所得5千ドル以上35千ドル未満）は4・1%、低所得層（世帯可処分所得5千ドル未満）は、95・6%となっています。2020年の所得層別人口は、高所得層が0・7%、中間層は32・8%、低所得層は、66・4%です。中間層が増え、低所得者層が減少しています。

しかし、この数字だけで貧困層が減少して貧困問題は解決に向かっているとはいえません。相変わらず、少数の高所得者に圧倒的多数の低所得者という構図は変わっていません。

そして、貧困には、働いているにもかかわらず低賃金のため貧困である場合と、様々な理由で働けなくて貧困という、大きく分けて2種類があります。世界銀行によると2019年のインドの労働人口の80%（4億5000万人）が、路上販売、屋台、行商、ゴミ拾いなど非公式な経済活動のインフォーマルセクターで働いています。彼らは、職場に行政の指導がないため、社会保障や法制度により保護されていないのです。そして、労働者の11%がホテルやレストランなどで働いています。働いているにもかかわらず、雇用は不安定で、貧困で、社会保障からもこぼれ落ちているのです。

いろいろな組織がインドの貧困率のデータを提供していますが、日本の外務省によると1973年に54・9%、JICAによると、1994年49・4%、2005年41・6%、2010年32・7%です。さらに、国連開発計画（UNDP）によると、2005年55%、2021年16・4%となっています。調査組織によって貧困の定義や統計の出し方が違うので、かなり差がありますが、データ上では年々、貧困率は低下してきているということができます。

しかしながら、ビハール州など貧困地域は、州政府が貧困対策を十分に行っていないため、比較的裕福なタミルナードゥ州などとの差があり、州によっても貧困の状況と対策は違うのです。

新型コロナ（COVID-19）の影響

インフォーマルセクターで働いている人が多いということは、新型コロナによるロックダウンや外出禁止によって、職を失う可能性が大きい人が多いということです。

インド政府は、新型コロナウイルス感染拡大防止対策として、経済対策や支援策を打ち出しました。

２０２０年3月25日からのロックダウンでは、国家災害管理法にもとづいて、事業所が閉鎖された場合でも、企業に対して従業員への賃金支払いを義務づける命令が出されました。移民を含む労働者が賃貸住宅に居住している場合には、家主は、家賃を請求してはならないとしました。それに対し、5月初旬には複数の企業が最高裁に、命令の違憲性を問い撤回を求める訴えを起こしました。最高裁は、中小企業の現状を踏まえれば命令を順守することは困難であり、政府に対して賃金支払いができない民間企業に強制的な措置を取らないように意見書を出しました。そこで、政府は5月17日に命令を破棄することを決め、5月18日以降、命令は失効しました。

また、ロックダウン期間中、失業率は悪化しました。インド経済監視センター（ＣＭＩＥ）の推計によると、２０２０年3月の失業率は8・74％、4月は23・52％、5月には

27・11％に上昇しました。連邦政府が6月3日に段階的ロックダウン解除の方針を示したことにより、失業率は6月に10・99％と改善しました。そして、2020年9月の失業率は6・7％でしたが、世界銀行によると、2021年は7・71％、2022年は7・33％と上昇しています。世界でのインドの失業率の順位は、2010年は106位、2019年は95位、2022年は65位と上昇しています。一時期は新型コロナ以前に戻った失業率ですが、少し悪化してきています。

貧困からの脱出

映画『GullyBoy』（ガリーボーイ、2018年）は、インドで活躍するアーティストのNaezyの実話をもとにしています。スラムで生まれ育った青年がラップと出会うことによって人生が変わる姿が描かれています。

内容は、次の通りです。ムラドは、ムンバイのムスリムのスラムに生まれ育ちました。父は、雇われ運転手でしたが、両親はムラドが今の暮らしから抜け出し成功するようにと大学に通わせます。自分の人生を半ば諦めて生きてきたムラドですが、大学構内でフリースタイルラップのパフォーマンスをしていた学生MCシェールと出会い、ラップの世界にのめり込んでいきます。親からの反対など様々な葛藤を抱えながらも、フリースタイルラップの大会で優勝し、成功を手にします。

「ガリーボーイ」とは、「路地裏の少年」という意味です。この映画の中では、ロンドンから来たイギリス人たちがスラム地域を見学ツアーで回っています。家の中にもズカズカと遠慮なく入って、「衝撃的よね。隅々まで使い込んですごいお宅よね」「なんて狭いの」などと言いたい放題です。共同トイレでは、何人で使っているのか質問をしますが、ツアーガイドは「たくさん使う」としか答えられません。トイレを何人で使っているかなどわからないくらい多くの人が使っているのです。ちなみに、このスラムは、『スラムドッグ$ミリオネア』の舞台と同じダラヴィ地区です。

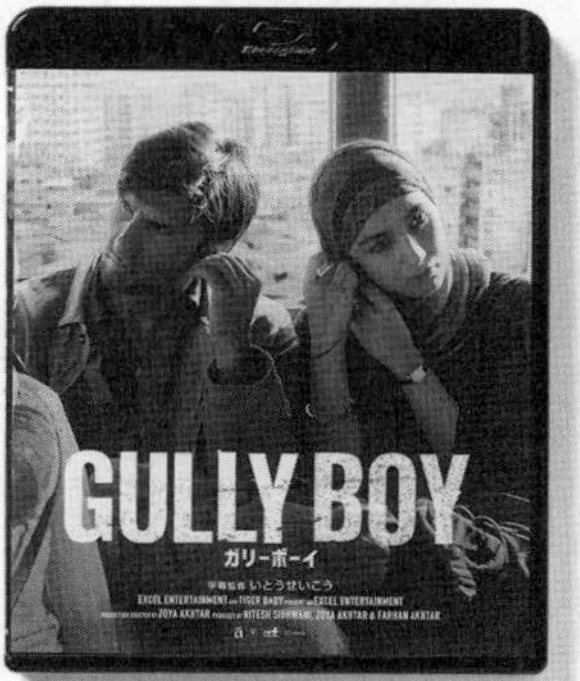

『GullyBoy』（ガリーボーイ）

さて、ムラドは父から、「見ていいのは身の丈に合った夢だけだ」と言われますが、親が願った大学からのステップアップではなく、反対していたラップでスラムから脱出することができました。

ＭＣシェールは、「この国の人間は生まれで人を判断する」と言います。そして、ムラドは、「格差という虚無」「埋められない距離」とラップの歌詞に書きます。スラムにいる多くの人が、この歌詞に共感をしたのではないでしょうか。格差を埋められないと思いつつも大学に通い、ラップに一筋の希望をもっていたムラド。彼の成功はスラムの光となったのです。

貧困と政治

インドには、経済学部門でアジア初のノーベル賞を受賞（1998年）したアマルティア・センがいます。彼は、貧困政策に関して、再分配や権利の保障を通じて貧困を改善することと、均質な成長を主張しています。一方、コロンビア大学教授のジャグディーシュ・バグワティは、開発主導の経済成長を重視しています。インドからはこのような優秀な経済学者たちが出ていますが、インドの貧困をどのようにしたら解決することができるのかという、母国の問題が大きく影響しています。

そして、彼らの主張は政治にも影響を与えています。2014年の総選挙では、国民会議派のラーフル・ガンディーはセンの、インド人民党はバグワティの主張を経済政策論争に反映させました。この選挙では、インド人民党が大勝しました。経済政策だけが選挙結果に影響があったとはいえませんが、要因の1つと考えられます。なぜなら、貧困政策が選挙に影響があることは、2004年の総選挙で指摘されていたからです。インド人民党は、2004年の選挙では、貧困層を軽視したために惨敗したといわれています。貧困層の人口は、富裕層よりもかなり多いのです。富裕層も貧困層も同じ1人1票です。1%にも満たない富裕層よりも、いまだに60%を超える貧困層は大票田なのです。

さて、インドには、2006年から本格的に実施されている「インド農村雇用保障法（NREGA）」というものがあります。農村に住んでいるすべての農民を対象としたもので、1世帯当たり年間100日の雇用を保障されます。彼らに対し、政府からは男女同一の最低賃金が労働者に支払われます。

インドの貧困は、単に高収入と低賃金の職業の差、というだけではなく、宗教、カースト、民族、疾病、年金問題など多くの原因が複雑に絡み合っています。どれか1つを解決するだけでは貧困はなくなりません。社会全体が意識を変え、社会構造を変えていかなければならないでしょう。

コラム：たくましい子どもたち

インドには、たくさんの路上生活者たちがいます。コルカタに少しの間、滞在していたときのことです。宿から大通りに出る道に、何人もの路上生活者がいました。筆者が通るたびに、子どもたちがついてきてお金を要求します。1回でも喜捨（バクシーシ）すれば通るたびにしなければならなくなります。ということで、筆者は喜捨しませんでした（インドのお金持ちは、当たり前のように自然に喜捨し、物乞いも当たり前のように受け取ります）。でも、何回か「お金ちょーだい」「あげなーい、お金な〜い」を繰り返すと、子どもたちは「この人はくれない」とわかります。そして、お金を要求するのをやめて、単に一緒に歩くのが楽しいという感じでついてきます。ある日、ステンレスの蓋つき容器に水を入れて歩いていると、「ねーねー、それ何？」「何入れているの？」などと興味津々で、ワイワイ言いながらついてきました。日常のちょっとしたことに楽しみを見つけて、たくましく、明るく生きている子どもたちとの出会いは忘れられません。彼らは今ごろどうしているのでしょうか？

第10章　海外のインド人

インド人は、中国人とともに海外に移住する歴史があります。中国人は「華僑」、インド人は「印僑」と呼ばれています。本来は、中国籍をもち海外に住む人々を「華僑」、他国の国籍をもつ中国系の人々を「華人」といいます。合わせて4000万から5000万人の華僑・華人がいるとされています。

一方、印僑は、インド生まれのインド国籍の人（NRI）とインド生まれで移住先の国籍または外国生まれのインド系の人（PIO）のことを指します。インド外務省によると、国外のインド系住民（一時滞在、現地国籍保有者合計）は3200万人です。華僑・華人の次に印僑が多いのです。

映画でも、海外に移住したインド人がよく登場します。『モンスーン・ウェディング』では、結婚式に参列するためにアメリカなどから親戚が集まります。『家族の四季』では、主人公たちがロンドンに移住します。『ミモラ』では、イタリアに移住したインド人の息子が音楽を勉強するためにインドに来ます。

海外で活躍するインド人

近年、アメリカやヨーロッパで活躍するインド人が多くいます。ITだけではなく、政治や金融などの分野でも活躍しています。

政治分野では、２００７年10月にアメリカのルイジアナ州で初めてＰＩＯから知事が誕生しました。さらに、イギリスのリシ・スナク首相は、２０２２年、アジア系で初めての首相となりました。両親はインド系で、アフリカからイギリスに移住し、リシ・スナク首相はイギリスで生まれました。インド人は、移住先の社会でも、強い社会的、政治的な影響力を発揮するようになってきています。

ビジネス分野では、Adobe のシャンタヌ・ナラヤンＣＥＯは、インドのハイデラバード出身です。Microsoft ＣＥＯ兼会長のサティア・ナデラも同じくハイデラバード出身です。ニケシュ・アローラは、パロアルトネットワークスのＣＥＯですが、元ソフトバンクグループ代表取締役副社長兼ヤフー取締役会長で、インドのウッタル・プラデーシュ州ガーズィヤーバード出身です。

彼らの多くが大学では理工学系を学んでいました。『スーパー30』のように、数学を中心に学びつつも、『ラーマーヤナ』などの宗教や哲学、文学的素養も身につけているインド人は最強ですね。そして、『ヒンディー・ミディアム』で描かれるように、小さなときから英語を身につけ、特にインド訛りがない英語を話すことはインド人のステイタスです。

芸能界では、映画監督のM・ナイト・シャマランはインドのポンディシェリ連邦直轄領マーヒ出身で、映画監督、脚本家、プロデューサー、女優のミーラー・ナーイルは、インドのオリッサ州ロウケラ出身です。フレディ・マーキュリーは、ゾロアスター教徒でインド生まれの両親の間に、当時イギリスの保護国だったタンザニアのザンジバル島のストーン・タウンで生まれました。

そして、ノーベル賞の主な受賞者には、次のような人たちがいます。ラビンドラナート・タゴールは、ベンガル州カルカッタ出身で、1913年にアジア人初のノーベル賞を、文学賞で受賞しています。チャンドラセカール・ラマンは、タミルナードゥ州生まれで、1930年に物理学賞を受賞しました。アマルティア・センは、インドの西ベンガル州に生まれ、1998年に経済学賞を受賞しました。アビジット・ヴィナヤック・バナジーは、コルカタ生まれで、2019年に経済学賞を受賞しました。マディヤ・プラデーシュ州生まれのカイラシュ・サティーアーティが2014年に平和賞を受賞しています。タミルナードゥ州生まれのヴェンカトラマン・ラマクリシュナンは、2009年に化学賞を受賞しました。

インド人は、理数系だけではなく、文学、経済、平和活動の分野でも活躍しています。

海外の普通のインド人

映画『English Vinglish』（邦題：マダム・イン・ニューヨーク、２０１２年）では、５週間という短期間ですがニューヨークに行って英語やアメリカの文化や社会に苦労する女性が描かれています。

ストーリーは次の通りです。主婦シャシは、伝統的な菓子ラドゥ作りが得意で、デリバリーをし、夫にも逆らわず良い母親です。しかし、英語ができないことを娘のサプナにバカにされ、夫や息子にも笑われてコンプレックスを感じていました。そんなある日、ニューヨークに住む姉に長女の結婚式の手伝いを頼まれます。シャシは夫や子どもたちより３週間早く、１人でニューヨークへ行くことになりました。シャシは、ニューヨークで英語を話せないためにつらい思いをしました。たまたま目に入った４週間で英語が話せるようになるという英会話教室に姉や家族にも内緒で通うことにします。いろいろな国からやってきた仲間たちと英語を学び、姪に映画のＤＶＤを借りて自主学習し、英語ができるようになっていきます。それとともに自信を取り戻していきます。姪の結婚式では新郎新婦にメッセージを英語で贈り、夫は自分がシャシを傷つけていたことに気がつきます。

この作品では、まず娘のサプナとの世代間ギャップが描かれています。シャシの世代は、女性の就学率が低く、教育をあまり受けていない人が多かったのです。一方サプナの世代は、学校に行くのも英語ができるのも当たり前の世代です。

シャシが「ジャズ・ダンス」のことを「ジャァズ・ダンス」と発音し、サプナだけではなく夫や息子まで笑います。サプナは、カトリック系のイングリッシュ・ミディアムに通っています。三者面談で担任が英語で話し始めると、シャシは、「英語は苦手で、ヒンディー語で話してくれませんか」と言います。さらに、サプナの友人の母親の英語をシャシがほとんど理解できないということもありました。そんなシャシをサプナは、恥ずかしく思い、面談後に上から目線でシャシにプリプリ怒ります。『ヒンディー・ミディアム』でも、イングリッシュ・ミディアムに行く子どもの親は英語が話せないといけませんでしたが、シャシは、夫が英語を話せるので、それまで学校の面談は夫が行っていたのです。たまたま夫が行けなかったため、シャシが行き、英語が話せないというコンプレックスが大きくなっていきます。

シャシは、ニューヨークへ行ってもカフェの注文ですら満足にできません。そこで英会話教室に通いますが、そこでは、お菓子のデリバリーをしているシャシに先生が、「君は起業家だ」と言います。

英会話教室のクラスには様々な背景をもった生徒がいます。アメリカに移住しても英語があまり話せないため、いろいろと不自由したりバカにされて傷ついたりしている人たちです。インド人男性は「ITバカ」と会社で言われ、復讐をしたいと言います。タクシー運転手のパキスタン人男性、しゃべらないアフリカ人男性、ナニー（保育サービス）をしているメキシコ人女性、美容師をしている中国人女性。みんな、英語を話せるようになることで自信をつけていき、前向きになっていきます。

そして、同じクラスのフランス人シェフにシャシが、「男性の料理はアート、女性の料理はただの家事、義務」と言ったとき、彼は、「愛だ、愛を込めて作るからおいしい、皆を幸せにする、アーティストだ」と言います。夫はシャシのお菓子を作ってデリバリーをする仕事を低く見て、家事の延長ぐらいにしか評価しません。しかし、アメリカでは起業家として評価されるのです。

しかし、そのシェフがシャシへの思いをクラスのみんなの前で話したとき、インド人とパキスタン人男性は、シェフを責めます。フランスでは人前で思いを伝えることは普通でも、インドでは違います。この文化の違いをシェフはわかっていなかったのです。インドとパキスタンは関係がよくありませんが、この映画では、アメリカという異国で、価値観や文化が似ており、お互いに親近感をもっている様子が描かれています。

海外へ移住したインド人は、英語が堪能で理数系に強いというイメージですが、インド人には、英語ができない、ITが苦手という人ももちろん多くいます。しかし、インド人だけではありませんが、女性の仕事が評価され、仲の悪い国同士で仲よくなることができるなど、苦手なことがあっても海外に移住するからこそインドでは得られない人生を手にすることもできるのです。シャシもアメリカで英語を話せるようになったことで自信がつき、自分の仕事のことも家庭のことも前向きに考えることができるようになりました。

言葉は、文化の1つです。言葉には、その文化の価値観などが込められています。言葉を習得するということは、単に話したり読んだりすることができるようになるということではありません。意思の伝達とその内容を理解することを含みます。それぞれ違う言語を母語にもつクラスのメンバーは、英語を通じて親友となっていきます。その過程は、アメリカの文化を受け入れていく過程でもあったのです。

なぜ海外に移住するのか？　その歴史は？

では、なぜインド人は、海外に移住するようになったのでしょうか？　大きく分類すると2つのタイプがあります。1つ目は、欧米に移住する、主に知的労働をする専門職に従事するインド人です。特に近年は、高い英語力と理数系能力を背景とし、IT技術者など高い能力をもったインド人材がアメリカやイギリスを初めとした英語圏に移住するケースが多々あります。2つ目は、未熟練単純労働者として移住するインド人です。

イギリスへの移民は、戦後復興と好景気による労働力不足だったイギリスが、インド亜大陸などから移民労働者を募集したのがきっかけです。はじめのうちは鋳物工業や繊維工業の労働者、バスや地下鉄の車掌、運転手などに従事するインド人男性の単身の出稼ぎ移民が多かったのです。1960年代には多くのインド人が移住しましたが、1970年代以降の移民規制強化のためもあって家族を呼び寄せる人が多くなりました。その後、インドでは英語による高等教育が拡大し、高学歴者が増えたため、次第に事務員、技能者、教師、弁護士、医師など専門職従事者が多くなっていきました。このようにイギリスへの移民は、未熟練単純労働者から専門職従事者へと変わっていったのです。

また、アメリカへの移民は、インドで飢饉が多発し、アメリカで中国人、日本人などの排斥が起きた19世紀末から20世紀初頭に始まりました。そのころのアメリカは労働力不足で、インドからの移民を多く受け入れ、彼らは農業や鉄道の敷設工事などに従事しました。

しかし、1920年代にアジア移民の受け入れと帰化を認めない政策をとったため、多くのインド人が帰国しました。1965年になるとアメリカは人種差別的条項を撤廃した移民法を施行しました。そこで、留学などで滞在していた高学歴で英語が堪能なインド人は、好条件で就職し、定住しました。1990年代以降は、親類縁者も移民したためインド人コミュニティは多様性を生み、英語があまり話せない人やインド人の中で経済や職業格差、世代間ギャップが出てきました。しかしながら、多様性をもったインド人たちだからこそ、政治、経済、芸能、ITなど多様な分野で活躍する人が輩出されたのでしょう。

次に、中東やスリランカ、アフリカなどに移住するインド人です。『きっと、うまくいく』では、ウガンダからのインド系の留学生チャトルが登場します。自由な考えのランチョーに対してチャトルは競争意識が激しく、インドで成功しようと必死です。彼のように親がウガンダへ移住したインド系ウガンダ人のため、ヒンディー語が苦手です。祖先か親が外へ移住したインド人がインドへ留学するということもあるのです。またガンディーの起こしたインド独立運動も、もともと弁護士であったガンディーが南アフリカで移住したインド人たちのために弁護活動をし、やがて権利運動をしたことからつながっていったのです。

1834年にイギリスでは奴隷制が廃止されました。イギリスが植民地で経営していたプランテーションの労働力は主にアフリカ大陸出身の奴隷でした。しかし、奴隷制廃止を受けて奴隷に代わる安価な労働力が必要となったため、インドから南アフリカやモーリシャス、フィジーなどへ多くのインド人が移住し、サトウキビの栽培、鉱石の採掘、鉄道建設等の労働に従事しました。1970年代にオイルショックが起き、2000年代中ごろから後半には、原油価格が高騰すると、インド人労働者がサウジアラビアやUAEなどの中東諸国へ出稼ぎに行きました。ドバイでは、インド人向けにインド映画音楽フェスティバルが開催され、有名な音楽家やプレイバックシンガー（劇中歌の前録り歌手）が参加しています。

海外のインド人とインドの関係

インド政府は、在外インド人社会の財力に着目し、優遇利子による外貨預金口座制度や、投資優遇措置などを実施してきました。さらに、1999年からは出入国の便宜をはかるPIOカード制度を導入し、2007年には選挙権を除けば、出入国、経済活動全般についてインド国民と同等の権利をもつ「海外インド市民（OCI）」制度を導入しました。

インド政府は、NRIとPIOを離散を意味する「ディアスポラ」と総称しています。国際移住機関（IOM）によれば、2020年のインド系移民は、約1800万人で世界最多となっています。最大の移住先はアメリカで、約440万人が暮らしています。

アメリカに住むインド系の人々は、高学歴で高所得者が比較的多いとされています。ハリス副大統領は母親がインド出身で、インド系は政界や経済界でも影響力や存在感が増しています。モディ首相が訪米した際にもハリス副大統領やGoogleのピチャイCEOなどに面会しました。そして、インド政府は彼らに母国への投資を働き掛けています。

また、世界銀行によれば、2022年には海外からインドに約1110億ドルが送金されました。これは、各国の中で最多で、インドの国内総生産（GDP）の3・3％を占めます。そこで、モディ首相は、外遊する際には、現地のインド人コミュニティと交流しているのです。

インド系移民は送金を通じてインドの経済に貢献しているのですね。だからこそ、インド政府も海外にいるインド系移民に対して様々な便宜をはかり、インドとの関係を密にするように努力しています。

日本のインド人

日本の法務省の在留外国人統計では、日本には、在留外国人が322万3858人（2023年6月末）います。そのうち4万6262人がインド人です。そのため、インディア・インターナショナルスクール・イン・ジャパン（江東区）、グローバル・インディアン・インターナショナルスクール（江戸川区）、インディア・インターナショナルスクール・イン・ジャパン横浜校（横浜市）など在日インド人向けの学校が数校あります。

在日インド人として有名な人は何人かいます。演歌歌手のチャダ氏、インド料理店のA・M・ナイル氏、西葛西にインド人コミュニティを作ったジャグモハン・チャンドラニ氏などです。

東京に住むインド出身者は1万5547人、そのうち5958人が江戸川区に暮らしており（東京都の統計「外国人人口令和4年10月」）、江戸川区の西葛西は「リトル・インディア」と呼ばれています。西葛西に最初に移住したジャグモハン・チャンドラニ氏は、1998年に「江戸川インド人会」を作りました。そのころ、2000年になるタイミングでコンピュータに様々な不具合が起きる可能性があると予測されていたため、インド人のITの技術者が多く日本に来たのです。

実は移民流入大国インド

インドには、1970年代末ぐらいからバングラデシュ、パキスタン、ネパール、スリランカなどの周辺諸国から出稼ぎ移民がたくさん流入しています。

特にバングラデシュからは多く、1999年にインド内務省は、バングラデシュからの不法流入者がインド各地に大量に居住しているとして摘発を強化しました。

チベットからは、多くの難民が流入し、移住しています。1959年のチベット動乱でチベット仏教の最高指導者ダライ・ラマ14世がインドに亡命しました。中国からインドへ逃れ、北インドのダラムサラに亡命政府を作りました。2017年1月には、世界の亡命チベット人は12万人になりましたが、そのうち10万人がインドに暮らしています。さらに、そのうち約1万5000人がダラムサラに暮らしています。

ネパールからの移民が多い理由はネパールとインドの国境線にあります。そこは「オープン・ボーダー」といわれ、インドとネパールの国民は、ビザやパスポートがなくても国境を通ることができます。両国の通貨は、国境線をはさんだ地域で使うことができ、互いの国では就労することができます。

コラム：インド英語・ヒングリッシュ

インド人の英語は独特で、「ヒングリッシュ」といわれています。イギリス人など英語を母語とする人でも、「インド人の英語はわかりにくい」と嘆きます。なぜなら、rを「ル」、thを「タ」「ダ」と発音したり、英語をスペルのまま発音してしまったりするので、わかりにくいのです。たとえば、「水」ですが、普通は「ウォーター」と発音しますね。インド人は「ウォータル」と発音します。列車の中で水売りが「ウォータル、ウォータル」と堂々と大声で売りに来ます。これを聞くと、インドにいるなぁ、と感じます。

また、お店で接客するインド人もヒングリッシュで堂々とお客さんと交渉します。イングリッシュ・ミディアム出身者や海外へ行くようなインド人は、英語教育を受けて正しい英語を話しますが、学歴はなくとも実践の場で英語を習得したインド人は、ヒングリッシュで外国人とも渡り合っています。さらに、商売で日本人やドイツ人などを相手にする人は、英語以外も習得します。海外で活躍するインド人だけではなく、インド国内でも外国人相手にがんばっているインド人です。

ところで、前述の通り、英語を母語とする人から「わかりにくい」と言われるヒングリッシュですが、インド人はあまり気にしていません。どちらかというと、「なぜわからないんだ」という態度です。まあ、インドではヒングリッシュのほうが標準英語ですからね。

一方で、インド人女性にヒンディー語で道を尋ねると、笑いながら手を振って、夫を前に押し出して、「この人にきいて」と言われました。「いやいや、ヒンディー語だよ！」と言っても、夫の後ろに隠れてしまいました。どうも、筆者が英語を話していると思い込んでいたようです。とてもシャイでかわいらしい笑顔の女性でした。

第11章　スポーツ

インドの人口は14億人以上。IT関係で活躍する人は多くいますが、スポーツで活躍している人はあまり見かけません。一方、人口が同じくらいの中国は、卓球や体操など多くのスポーツ選手が活躍しています。約10分の1の人口の日本ですら、サッカー、野球、バスケットボール、陸上など世界で活躍しています。その違いは何なのでしょうか。ここではインドのスポーツ界について触れてみたいと思います。

大人気のクリケット

映画『M.S.Dhoni:The Untold Story』（M・S・ドーニー、2016年）では、マヘンドラ・シン・ドーニーという実在のクリケット選手の半生が描かれています。

内容は、次の通りです。少年ドーニーは、ビハール州（現ジャールカンド州）のラーンチーに生まれます。学校でサッカーチームのゴールキーパーをしていましたが、クリケットのコーチから誘われてクリケットを始めました。卒業後、インド鉄道で働きながらクリケットを続けてプロを目指しますが、チャンスに恵まれないまま4年が過ぎます。やがて、インド代表チームのメンバーに選ばれ、キャプテンとなります。そして、2011年のワールドカップでインドを28年ぶりの優勝へと導きます。

この映画では、ドーニーの父はスポーツよりも勉強をするほうが大事だとしています。クリケットは、人気選手になれば他のスポーツよりも大金を手にすることができますが、競技人口が多く、お金持ちになれるほどの選手になるのはなかなか難しいのです。ドーニーの父は、ポンプ技師ですが、息子には自分のようになってほしくないという思いが強く、堅実な仕事に就くことを望んでいたのです。そのためドーニーがインド鉄道に就職し、公務員になると父は喜びました。しかし、その後ドーニーはクリケットで成功し、お金持ちになりました。もともとドーニーはサッカーをしていましたが、きっとサッカーではそのような栄光はつかめなかったでしょう。クリケットは、貧しくても成功したら大きな名誉とお金を手にすることができるスポーツであり、一流選手はまさにインド中の憧れといえるスポーツなのです。

また、映画ではありませんが、スポーツを題材とした作品で『スーラジ　ザ・ライジングスター』（2012年）というアニメーションが制

『M.S.Dhoni:The Untold Story』
（M.S.ドーニー）

作されました。これは、日本のアニメーション『巨人の星』のリメイクですが、野球をクリケットに変更し、日印共同で制作しています。ムンバイのスラム生まれの少年が父の厳しい特訓を受け、ライバルと競い合い、スター選手を目指すというストーリーです。子どもたちが、過酷な練習をしてでもなりたいスポーツ選手は、当時は日本では野球でしたが、インドではクリケットなのですね。

ここまで見たとおり、インドでは、なんといってもクリケットが圧倒的に人気があります。道端でクリケットで遊んでいる子どもたちを多く見かけます。クリケット用品も安いものなら雑貨屋でも手に入るため、インド人にとって身近なスポーツの1つなのです。様々な言葉や習慣、文化が存在しているインドが、「インド人」として一体となるのは映画とともにクリケットといえるでしょう。

また、クリケットにはワールドカップがあります。インドは、1983年と2011年に優勝しています。

大人気スポーツの起源

さて、インドでは大人気のクリケットですが、インド起源のスポーツではありません。

その起源はイギリスで、野球の原型の球技といわれています。諸説ありますが、一般的には、13世紀に羊飼いの遊びとして始まったと考えられています。そして、17世紀以降、イギリスが植民地や領土を拡大したことで、オーストラリア、インド、南アフリカなどに広がっていきました。つまり、イギリスが支配した地域にクリケットが普及し、今もクリケットはイギリス圏を中心に盛んなのです。

クリケットのルール

クリケットのフィールドは、長径120メートルほどの楕円形です。中央には長さ22ヤード（20・12メートル）の長方形のピッチがあります。試合は、1チーム11人の2チームによって交互に攻撃と守備を1回ずつの1イニング制、または2回ずつの2イニング制で行われます。守備側が攻撃側から10アウトを取るか、規定投球数を投げ切るかで攻守交代となります。得点方法は、攻撃側の選手が守備側の選手の投げたボールをバットで打ち、打球がフィールドの境界線をゴロで越えると4点、ノーバウンドで越えると6点入るなどいくつかの方法があります。

第1章で紹介した映画『ラガーン』では、クリケットを知らないインド人にイギリス人女性がクリケットを教えるシーンがありますので、クリケットを知らない人も、この映画を見ればルールを覚えることができます。また、イギリス人が、優雅にお茶をしながら試合を見たり、プレーの合間にお茶をしたりする様子が描かれています。クリケットは、フェアプレーを重視しています。だからこそ、ラッセル大尉が年貢をかけたクリケットの勝負に負けたとき、悔しくても村人との約束を守ったのです。

プロリーグ

インドには、インディアン・プレミアリーグ（ＩＰＬ）というクリケットのプロリーグがあります。ＩＰＬは、２００８年に発足しました。参加チーム数は10です。シーズンは、3月または4月に開幕し、5月に閉幕します。参加チームは、シーズンによって入れ替えがあり、なくなるチームもあれば、期間限定で参加するチームもあります。

ところで、ＩＰＬは、クリケットのプロリーグの興行としては世界最大規模です。たとえば、２０１５年シーズンの観客動員数は約１７１万人、１試合当たりの平均観客動員数は約2万８５００人でした。

米誌『フォーブス』では、２０２２年のＩＰＬの１チーム平均資産価値は10億４０００

万ドルであり、2023年にはIPLの事業価値が154億ドルと算出されています。

また、映画スターのシャー・ルク・カーンは、コルカタ・ナイトライダーズというチームの共同オーナーです。他にも何人かの映画俳優・女優が経営に参加したり、共同オーナーになったりしています。

カバディ

カバディというスポーツもインドで人気です。日本では、『灼熱カバディ』(武蔵野創、小学館)という漫画で知っている人も多いかもしれません。2021年にはアニメ化もされました。

起源は、古代インドの兵法といわれています。南アジア一帯に広く普及し、インドとバングラデシュでは国技となっています。

1チーム7人で、2チームが交互に攻撃と守備を行うスポーツです。攻撃側の1人が、「カバディ、カバディ」と言いながら息の続くかぎり守備側の人にタッチし、タッチした人数が得点となります。守備側は、タックルなどで妨害します。格闘技と「鬼ごっこ」を合わせたような競技といわれています。

日本には１９７９年に伝えられ、アジア競技大会では、１９９０年の北京大会から正式種目となっています。そして、２００４年には、第１回ワールドカップが開催されました。日本でも、１９８１年に日本アマチュアカバディ協会が設立され、全日本選手権大会、東日本大会、西日本大会等が毎年開催されています。日本の女子チームはけっこう強いのですが、あまり注目されていません。

『Dangal』(邦題：ダンガル　きっと、つよくなる)

レスリング

インドのレスリングというと、日本では、タイガー・ジェット・シンが有名ではないでしょうか。「インドの猛虎」とか「狂える虎」と呼ばれていました。インドでは、レスリングも人気スポーツの１つです。

映画『Dangal』（邦題：ダンガル　きっと、つよくなる、２０１６年）は、実在の元レスリング選手マハヴィル・シンと娘のギータ、バビータの半生を脚色した実話ベースの映画です。「ダンガル」とは、レスリングのことです。

内容は次の通りです。1988年、レスリングは男がするもので、女子はリングにすら入ることはできないような時代と土地柄のハリヤーナー州バラリが舞台です。国内チャンピオンになったものの国際大会で金メダルをとらないまま、生活のために引退したマハヴィル。そこでいつか生まれる自分の息子が金メダルをとる夢をもつようになります。でも、生まれた子どもは女の子ばかりで、夢を諦めます。しかし、男の子とけんかをしてボコボコにした娘たちにレスリングの才能を見いだしたマハヴィルは娘たちに特訓を開始します。父親の特訓を村中の人たちが好奇と非難の目で見る中、娘たちは友人の結婚式で、「あんな父親はいらない」と言います。しかし友人は「私はあんな父親が欲しい。だって彼は娘のことを思っている」と返すのです。友人の親は、娘に家事を押し付け、14歳で娘が会ったこともない男と結婚させたのです。ギータとバビータは、実は父親が村中に非難されても娘たちのことを思う良い父親であることに気がつき、レスリングに打ち込むようになります。彼女たちは、レスリングは男のものという概念を打ち壊し、ワールドクラスの選手になります。2012年、ギータはレスリングでインド初のオリンピック出場を果たします。

ギータたちの活躍をきっかけとして、多くの少女がレスリングを始めました。実は、この映画はスポーツ映画であるとともにジェンダーを描いた映画でもあるのです。マハヴィルはギータに、「銀メダルだとやがて忘れられる。金メダルだと人々に勇気を与えられ、子どもたちの希望として永遠に残る。勝利はお前だけのものではない。何百万もの少女の勝利となる。男より低い地位にいる少女の勝利だ。今の少女たちは家事と子育てしかない」と言います。さらに、「明日の試合は大事だ。相手はオーストラリア人ではない。女を下に見るすべての人間との戦いだ」と言います。女性差別が問題となっているインドでは、このマハヴィルの言葉に共感する女性が多かったと思います。スポーツを通してジェンダー問題を描いたこの映画は、単なるスポ根ではなく、もっと奥深いメッセージのある作品なのです。

さて、インドでは女子レスリングだけではなく、もちろん男子レスリングも人気です。多くの若者がレスリングの試合を見ていますが、エンターテイメントとしてのプロレスも人気です。特に、警察官からプロレスラーに転向したダリップ・シンが人気です。彼は、「ザ・グレート・カリ」というリングネームで知られています。

インドとオリンピック

インドでは、オリンピックは日本ほど人気がありません。たとえば、オリンピックとクリケットの試合だと、断トツでクリケットの試合のほうが観られます。筆者は、オリンピック期間中にインドに滞在していたことがありますが、オリンピックを観ている人は、大袈裟ではなく、誰もいませんでした。なぜなら、ちょうどパキスタン対インドのクリケットの試合をしていたからです。つまり、オリンピックの種目にクリケットがあるかどうかがオリンピック人気に直結しているのです。

実は、1900年のパリオリンピックでクリケットが行われたことが1度だけありますが、それ以降は行われていません。しかし2028年ロサンゼルスオリンピックで実施されることが決まっています。

ところで、インドがオリンピックで活躍できない主な理由ですが、すでにお気づきの方もいるように、まさにクリケットに競技人口が集中しているためです。商業的にもクリケットが中心で、最近、バドミントンやテニスでも選手が出てきていますが、クリケット以外のスポーツ選手になっても生活できないのが実情です。国からの補助金もクリケットが多く、スポーツを続けていきたければクリケットをするか、お金持ちの家に生まれるかです。

しかし、2023年10月にムンバイで開催された国際オリンピック委員会（IOC）総会の開会式で、モディ首相は2036年夏季オリンピック招致に乗り出すことを宣言しました。2010年にはコモンウェルス・ゲームズ（英連邦競技大会）を首都ニューデリーで開催しました。さらに、2021年に行なわれた東京オリンピックではメダル7個、2022年杭州アジア大会ではメダルを107個獲得しました。最近では、インドもスポーツで存在感を増してきています。着々とオリンピック開催に向けて実績を重ねています。

コラム：インドのそこらへんで見かけるスポーツ

インドを歩いていると、あちこちで子どもたちがクリケットをしています。ガンジス川沿いのバラナシでも、川の近くでクリケットで遊ぶ子が多くいます。しかし、川のそばでクリケットをするとボールが川に逸れてしまうこともしばしばです。そんな子どもたちを眺めていると、ボールを投げては打たれて川に何度も何度もボールを取りに行っている子がいました。大変だなぁ、と思いつつも、もしかしたら将来は大選手になるかも、なんて考えると、つい「がんばれ」と心の中で応援してしまいます。

また、実はインドでは凧が人気です。夕方の風が吹く時間には、あちこちの屋上で凧をあげて、近くの人と戦ったりします。日本のようなきれいな絵を描いた凧ではなく、水色のあまり大きくないシンプルな凧で、負けて墜落して壊れてもいいぐらいのものです。

そして、コルカタでは雨の中、泥んこになってサッカーをしている少年たちを見かけたことがあります。サッカー場として整備されていない、ただ広場にゴールを置いただけのところで、雨が降っていてボールもドロドロなのに夢中でサッカーをしている少年たち。それを雨に濡れながら見ている数人の大人たち。ついつい私も足を止めて見てしまいました。

第12章　チャイの文化

『Last Film Show』（邦題：エンドロールのつづき）

何かというとチャイを飲むのがインドです。インドに行ってチャイを飲まなかった人はあまりいないでしょう。このような「何かというと飲み物を飲む」文化は、イギリス、トルコ、中国、日本など世界中にもあります。お茶やコーヒーなどの飲み物は、単に「飲む」というだけではなく、そこには、友だちとおしゃべりしたり、お客様をおもてなししたりというコミュニケーションの手段や、日本の茶道のような伝統文化などがあります。

映画『Last Film Show』（邦題：エンドロールのつづき、2021年）は、インドとフランスの合作ですが、インド人監督のパン・ナリンの少年時代を描いた半自伝的作品です。

内容は次の通り。インドのグジャラート州の田舎町で暮らす9歳の少年サマイは列車で学校に通っていますが、駅にある父のチャイ屋台も手伝っています。父はもともとバラモンだったのですが、兄弟にだまされて駅でチャイ屋台を営むようになったのです。父は映画を低劣なものとしていましたが、カーリー女神の映画を家族で観に行きます。映画に心を奪われたサマイは、映画を作りたいと思うようになります。

実際にサマイは、この映画を作る監督となりますが、子どものころはチャイを売るチャイワーラーだったのです。サマイは、駅に列車が止まるたびにチャイを売りに行きます。1回30ルピーぐらいしか稼げません。チップス売りの友だちも同じ30ルピーです。

ところで、モディ首相の父はチャイ屋でした。グジャラート州の駅でチャイを売っていましたが、モディ首相は父を手伝っていたということです。サマイは映画監督になりましたが、モディは首相になりました。この2人から、チャイワーラーでも夢を諦めないでがんばれば、首相にも映画監督にもなれるという希望を見たチャイワーラーはたくさんいたでしょう。

紅茶大国インド

インドは、いわずと知れた紅茶大国です。インドの北、西ベンガル州ダージリン、ダージリンのさらに北のシッキム州シッキム、北東部のアッサム、タミルナードゥ州のニルギリ、など多くの有名な産地があります。日本では、ダージリンが人気で値段も高いのですが、実はインドでは、シッキムが高いのです。

紅茶は、産地によって味が違いますが、ファーストフラッシュ、セカンドフラッシュというように収穫する季節によっても違いますし、茶園によっても違います。インドではありませんが、ダージリンの近くのネパールのイラムティーもおすすめです。

しかし、インドではあまりストレートティーは飲みません。飲み物を出されるシチュエーションでも、だいたいチャイが出されます。チャイにはアッサムを使いますが、茶葉の値段がストレートティー用に対してチャイ用はとても安いのです。

チャイとは?

チャイとは、一般的には、インド風スパイス入りミルクティーのことで、マサラチャイとも呼ばれています。アッサムティーでも細かくくだいて味が出やすいCTC製法(Crush〈押しつぶす〉、Tear〈引き裂く〉、Curl〈丸める〉の頭文字)で作られた茶葉を使用します。

でも、実は「チャイ」というのは、インド風スパイス入りミルクティーだけを指すのではありません。トルコのチャイは、チャイダンルックという2段式のティーポットを使っていれ、ミルクは入れません。エジプトのチャイは、紅茶を煮出して砂糖を入れたものです。

ところで、インドのチャイに砂糖は欠かせません。インドで初めてチャイを飲んだ日本人は、すごく甘いと感じるかもしれません。甘くするのがインド流なのです。逆に、砂糖を入れないものはチャイではないとインド人は言います。

また、チャイを入れるグラスですが、元々は素焼きの小さな器でした。器によっては底がとんがっていて置けないようになっているものもありました。この器は、飲み終わったら地面に叩きつけて割ります。これは、カースト制では、下のカーストの人が口をつけた器で飲むと、不浄が移ると考えられているからです。そして、割ることで器を作っている人の仕事が生み出せるからです。でも、最近では、プラスチック製や紙コップに変わってきました。また、チャイグラスという小さなガラス製のコップが利用されていますし、レストランでは、カップとソーサーで出てきます。

チャイの作り方

チャイの作り方を簡単にご紹介します。材料は、水、牛乳、砂糖、スパイス、紅茶を適量用意してください。

①鍋に水、紅茶、スパイス（ジンジャー、シナモン、カルダモン、ブラックペッパーなど）を入

れます
②鍋を火にかけ、煮出します
③牛乳と砂糖を加えます
④沸騰する直前に火を止めます
⑤茶こしで漉してカップに入れます
牛乳は特濃、砂糖はザラメ糖を使うとコクが出ます。スパイスは、体調やお好みでブレンドしたり、変えたりしましょう。たとえば、風邪気味のときはジンジャーが血行をよくしますのでオススメです。また、作る手順は、水が沸騰してからスパイスを加えてもよいです。グラスは、小さめの陶器やガラス製のものにするとインドっぽくなります。

いつでもどこでもチャイ

映画『Kahaani』(邦題：女神は二度微笑む、2012年)というサスペンス映画があります。イギリス在住の女性が出張した夫を探しにコルカタにきます。いろいろな人に聞きこみをしますが、何かというとチャイを出されます。イギリスの生活に慣れている女性は、いつでもどこでも出されるチャイに辟易します。

チャイは、最も身近な飲み物です。インドではいつでもどこでもチャイを飲みます。知り合いのお家にお邪魔したときだけではなく、お店で品物を選んでいるときにもチャイを出されます。また、大きな通りだけでなく路地にもチャイ屋があります。チャイ屋は、お店によってそれぞれ使うスパイスが違いますので、お気に入りのチャイ屋を見つけてみるのもいいですね。ちなみに、筆者はニューデリー駅前のメインバザール（パハル・ガンジー）の奥にあるチャイ屋台のチャイがお気に入りです。朝、通勤途中の人がポットにチャイをいれてもらっているのを見ながら、ゆっくり屋台に座ってチャイを飲んでいる贅沢な時間、とても幸せを感じます。

『Kahaani』（邦題：女神は二度微笑む）

また、寝台列車でもチャイ屋が回ってきます。朝5時ぐらいからみんなが寝ていてもお構いなしに「チャイ、チャイ、チャイ」と大声を出して売りにきます。この早朝、列車で飲むチャイは格別です。まあ、列車のチャイですからそう美味しいものではないし、カップはペラペラで割高です。でも、ちょっと寒い明け方にシーンとした列車の中でしみじみと飲むチャイは心にしみます。

そのような身近でお手軽に飲めるチャイですが、年々値上がりしています。筆者が初めてインドに行ったときは、平均1・5ルピーぐらいでしたが、徐々に3ルピー、5ルピー、10ルピーと値上がりしています。これは経済発展による物価上昇のせいですね。チャイの値段にインドの物価を実感します。

そして、チャイ屋はコミュニケーションの場でもあります。チャイを飲みながら話をしますが、インド人は全然知らない人とでも話をすることに抵抗のない人が多いようです。列車や飛行機などでも知らない人同士で会話しています。ましてやチャイがあると話が弾みます。

ただし、チャイ屋で1人でチャイを飲むのはほとんど男性です。インド人女性が1人でチャイ屋台で飲んでいる姿は見かけません。女性はもち帰りをしたり、男性に買ってきてもらったりするか、自分で作るのです。筆者がチャイ屋台で1人で飲んでいると、好奇の目で見られることもよくあります。

コラム：インドのコーヒー

実は、インドのコーヒー生産量は、世界で10位に入っています。17世紀にイスラム教徒のインド人ババ・ブダンがイエメン地方のイスラーム教寺院からコーヒーの種子をもち出したのが始まりとされています。主産地は、インド南部で、栽培品種はアラビカ種とロブスタ種です。

北インドでは、ネスカフェを飲むことが多いようですが、チャイよりも高いのです。ちなみに、コーラなどのジュースもチャイよりも高いのです。ヨーグルトの飲み物ラッシーは、量によりますが、チャイとコーラの間ぐらいです。

ところで、インドには、スターバックスもあります。筆者は、ニューデリーのコンノートプレイスという銀座のようなところにあるスターバックスに入ったことがあります。カフェメニューは日本とほぼ同じです。お店は満員で、空席はほとんどありません。でも、飲み物や食べ物がない人が多く座っています。今から注文しに行くのかな、と思っていたのですが、一向に行きません。すると、待ち合わせをしていたのか、相手が来る

――とちょっと挨拶をして、そのまま外へ。つまり、注文もせず、待ち合わせ場所としてスターバックスを利用している人たちが、たくさんいるのです。

第13章　インフラ

ＩＴや経済分野で発展が進むインドですが、インドの日々の生活を支える基盤である水道、電気、道路、鉄道、ガスなどのインフラは、まだまだ脆弱です。『きっと、うまくいく』では、シャワーを浴びている途中で水が出なくなってしまうシーンがあります。ランチョーは、消火栓から水を出して泡だらけのみんなにかけますが、普通はそんなことはできません。そして、ピアの姉の陣痛がきたシーンでは、大雨で停電となってしまい、あっという間に膝まで水が溜まってしまいます。このような停電や洪水は、映画だけのエピソードではなく、インドにおいてはいつものことなのです。

電気

２００４年９月、コルカタのサッカー場で日本対インドのワールドカップ予選試合が行われました。日本ではありえませんが、なんと試合途中で停電しました。国の威信をかけてサッカー場に電気を集中させていたにもかかわらずです。しかし、インドを少しでも知っている人たちは、「あ～、やっぱりね」と思ったことでしょう。

なぜなら、インドは圧倒的に電力が足りないからです。大雨などの気象条件によっても停電しますし、昔は電線泥棒も頻発していました。だから、いつ停電になるかわからないので、お店やホテルなどには自家発電機があります。地域によっては、ふだんから計画停電をしています。

計画停電がお昼前後に行われると、自家発電機が道路上で一斉に動き出します。お店の自家発電機は大型で、道路を歩いている人に向かって熱風が吹きます。ただですら気温が高い上に、熱風です。これには通行人もうんざりしています。

また、計画停電は、日によって変わります。10時から14時だったり、夜中だったり。昼に停電するとクレームが出るそうですが、夜中にやっても出るそうなので、電力会社が試行錯誤して、時間が変わるのです。しかも、4時間だったり5時間だったりと長さも日によります。電気があるうちにスマートフォンなどは充電しておいたほうがいいですね。

インドの発電は、現在は火力発電中心ですが、インド政府は原子力発電を増やすことで電力不足を解消しようとしています。その取り組みの1つとして、2016年に安倍首相（当時）とモディ首相の間で原子力協定を締結しました。この協定は、平和的な原子力協力を実現するための法的な枠組みを定めたものです。これにより、日本からインドへの原発輸出が可能となりました。しかし、核実験を実施した場合は、署名入りの書面による通知の1年後に協力は停止されます。

電力が少ないというと悪いことばかりを考えてしまうかもしれませんが、ときにはよいハプニングもあります。筆者がブッダガヤで夜に食堂の外のテーブルでチャイを飲んでいたときのことです。なんと電線泥棒が出て、停電してしまいました。ブッダガヤは、小さな村なので周りは田んぼです。村全体が停電したので、真っ暗になりました。するとそれまでは見えなかったとてもきれいな星空を見ることができたのです。筆者の生涯の中でナンバーワンの美しい星空でした。

ところで、2023年にはG20の議長国として成功し、インドは国際社会で存在感を増しています。しかし、より大規模となるワールドカップやオリンピックの開催は、電力不足問題を解消しないかぎり難しいでしょう。

水道

『きっと、うまくいく』のように、シャワーの途中で水道が止まることはよくあります。シャンプーで泡だらけのときに水道が止まると、泡だらけのまま呆然としてしまいます。ですから、シャワーを浴びるときは、いつ水道が止まってもいいように、まず水が出ている間にバケツに水を貯めておきます。

トイレも同様です。シャワーのときと同じように大きなバケツに水を貯めておいて、水が止まったときはそこから小さなバケツで水を汲んでトイレを流します。

また、日本では水道水を飲むことができますが、インドではあまりおすすめできません。インドでも飲めなくはないのですが、安全を期すなら煮沸したものを飲んだほうがよいでしょう。駅などにDrinking Waterと書いてある水飲み場がありますが、それ以外の水道からは飲まないほうがよいです（インドに慣れていない人はDrinking Waterもやめておいたほうがよいです）。

そして、インドでは井戸水も大切な水です。街中のあちこちにポンプがあり、洗濯をしたり、水浴びをして身体を洗ったりします。男性は、街中でパンツ1丁で堂々と水浴びをしています。

鉄道

インドは、鉄道大国です。広い国土に網の目のように鉄道が敷かれています。『M・S・ドーニー』では、ドーニーはインド鉄道で働きます。利用客が多く、駅構内でも車両でも人、人、人の様子が描かれています。前章で紹介した『エンドロールのつづき』では、

『Dil Se..』（邦題：ディル・セ　心から）

駅のチャイ屋が描かれています。田舎の小さな駅の様子がわかります。この映画では、乗客が、いまどこの駅か主人公のサマイに聞きます。インドの列車は、車内放送がありません。駅名はホームの両端の看板に書かれていますので、よく見ていないとどの駅に着いたのかわかりません。

『Dil Se..』（邦題：ディル・セ　心から、1998年）では、劇中歌の「chaiya chaiya」のシーンにニルギリ鉄道が使われています。崖に囲まれた狭い軌道を走る小さめの鉄道の屋根で大スター、シャー・ルク・カーンが大勢のバックダンサーと踊っています。インドでは、紅茶の産地に鉄道を敷いていますが、ニルギリやダージリンなどは山の険しいところを通っていますので、どうしても軌道が狭くなり、車両は小さめのものになってしまうのです。

映画『Chennai Express』（チェンナイ・エキスプレス、2013年）は、ムンバイの駅で走り出した列車に乗ろうと走っている女性を主人公の男性が助けたことから、トラブルに巻き込まれるという映画です。この映画では、序盤は列車の中が舞台となっています。インドの列車は開けたままの扉もあり、乗り遅れてもホームを走行中は飛び乗れます。実は筆者も飛び乗ったことがありますが、外国人がするのは珍しいようで、インド人たちがやんややんやと応援してくれました。

ところで、列車の座席は、列車にもよりますが、寝台、自由席などがあり、空調の有無でも分かれていて、それぞれ1等車、2等車などがあります。1等寝台はコンパートメント式（個室タイプ）の2段式で、2等寝台も2段です。3等寝台は3段式で、真ん中の寝台は昼は収納されているので、夜になるとみんなでセットします。自由席3等車は木製の座席で、とにかく混んでいます。猫のように網棚で寝ている人もいます。1等、2等、3等はそれぞれ行き来できないようになっています。列車によっては、女性専用席や外国人用の席もあります。女性専用席に男性が座ろうとすると、すかさず女性たちに追い払われます。

最近では、列車はインターネットで予約することもできますが、よくダブルブッキングがあります。筆者は駅で予約しますが、何度かダブルブッキングにあいました。そのときは、どちらに正当性があるか乗客同士で言い争いをします。勝ったほうが席をゲットすることができます。負けたほうは、車掌にクレームをいれて席を確保します。まあ、この車掌がなかなか来ないのですが。

かつてはインドの列車はよく遅れました。ある人は、ホームで列車を待っていたら「今日は来ないぞ」と言われたそうです。筆者も列車が遅れていつ来るかわからず、ホームで寝たことが何度もあります。しかし、最近では、かなり時間どおりに運行しています。

ホーリーなどのお祭りのときは大混雑です。ホーリーは旧暦なので毎年日程が変わりますが、2月下旬から3月中旬ぐらいに行われる色粉をかけあうお祭りです。ホーリーを地元で過ごしたい人たちで列車は混みますが、警察がホーリーを激しく祝う地域に移動するのでますます混みます。しかも警察は座席の予約などしませんので、3等寝台の適当なところで勝手に寝ます。男性客の寝台に警察の人が一緒に寝ているなんてことも多々あります。添い寝みたいになっていてちょっと気の毒ですが、男性は文句も言わず寝ています。

インドには地下鉄もあります。コルカタには昔からありましたが、最近では、日本の協力のもと地下鉄がデリーに何路線も作られました。地下鉄がないときは、ニューデリーからオールドデリーに行くのは大変でしたが、今は地下鉄ですぐに行くことができます。地下鉄の駅に入る際は、荷物検査や身体検査などもあり厳重です。日本が協力しているため、駅構内の案内板もわかりやすく、乗り換えもスムーズです。

道路

都市部は、舗装されている道路が多いのですが、地方ではまだまだ舗装されていないところがあります。穴があちこちにあるため、スーツケースをゴロゴロと引っぱるときは、それらを避けなければなりません。リュックよりも疲れます。

また、都市部ではひどい渋滞が問題になっています。デリーのインディラ・ガンディー空港からニューデリーに地下鉄で向かう途中、列車が地上を走るところがあります。そこから見ると、車がまったく動かないほど大渋滞しています。夜には車のライトがまるでイルミネーションのようできれいなほどです。

インドの場合、バスや車だけではなく、大都市でもオートリキシャが走っています。オートリキシャはオートバイに座席と屋根をつけたもので、軽自動車より少し小さいぐらいの大きさがあり、車1台分のスペースをとります。そのオートリキシャやバス、車が車間距離ほとんどなしの状態で、身動きがとれないほどの渋滞です。政府は、高速道路を早急に整備して対応しようとしていますが、増えていく車に追いついていません。そして、渋滞で問題となるのは、排気ガスです。ムンバイなどは、日本のニュースでも話題になる中国以上に空気が悪いのです。実は、オートリキシャは排気ガスがひどいのです。

渋滞の原因には意外なものもあります。ヒンドゥー教では牛は聖なる動物なので大切にされており、自由に街中を闊歩していますが、つまり、道路にも普通に牛が歩いていますが、中には道路の真ん中で座り込んでいる牛もいます。そうです、牛も渋滞の一因となっているのです。

バス

日本と同様に、インドでもバスは長距離と短距離があります。短距離は、都市の中で運行しています。ムンバイの路線バスには、2階建ての車両も運行しており、2階の最前列の席の眺めは最高です。バスに乗ると車掌が新しく乗車した乗客のところに運賃を請求しにやってきます。屋根に乗っていても、ちゃんときます。どんなに満員でも間違えずに運賃を回収します。インドのバスの車掌は優秀なのです。

長距離バスは、都市間を運行しますが、大変混みます。途中で乗って途中で降りる人が多いのです。バス停がないことも多く、たぶんここら辺、という感じでバスを待ちます。

筆者は、ケララ州トリヴァンドラムのバスステーションでカニャークマリ（コモリン岬）行きのバスに乗りました。バスステーションといっても単なる広場で、行き先を表示したバス停や看板はありません。5、6人の大学生たちが、「カニャークマリ行きはどこ？」と係員に大声で聞いていました。インド人でもバスがどこに来るかわからないのですね。筆者は、行き先が同じだったので大学生たちについていきました。

また、バスの座席は女性優先で、1番後ろの座席にはたいてい女性がぎゅうぎゅう詰めに座っています。男性は女性が乗ってくるとすぐに席を立ちます。しかし、最近では立たない男性もおり、女性に席を立つように促されている男性もいます。筆者が立っていると、インド人女性は男性を立たせて席を確保してくれます。

ある日、体調が悪いときにバスに乗ったのですが、座席は女性で満席です。近くの女性が、筆者の具合が悪いことがわかって、前の席が詰めれば1人座れるので、詰めさせて席を空けてくれました。すると、他の女性がするっと座ってしまいました。すぐさま近くの女性が、「なんであなたが座るの？　この子の席なのに。具合が悪いのよ！」などと文句を言ってくれました。相手の女性はそのまま座っていましたが、筆者のためにケンカをしてくれた心やさしい女性に感謝です。

コラム：インドの乾電池

インドは電力不足なので、いざというときは乾電池が頼りになるはずです。しかし、インドの乾電池はパワーがありません。以前、日本のウォークマンに使ってみたのですが、再生スピードが遅く、まるで違う音楽に聴こえました。しかし、インド製のポータブル音楽プレイヤーにインド製の乾電池を使うとちょうど良い再生スピードでした。逆にインド製のポータブル音楽プレイヤーに日本の電池を使ってみたら、再生スピードが速くなってしまいました。懐中電灯などなら問題ないのですが、ポータブル音楽プレイヤーは乾電池のパワーに左右されるのですね。

第14章　パクリ

インドは、1991年まで経済封鎖をしていました。このとき、いろいろなパクリ商品が出回りました。映画、時計、洋服、飲み物など幅広い分野でパクリ商品が作られました。電化製品には「mitsuhish」や「SANY」など日本のメーカーとそっくりな名前のメーカーがありました。また、「SUZUKI」「HONDA」「YAMAHA」のシールが貼ってあるオートバイを見かけたこともあります。もちろんこれらも本物ではありません。逆にこのようなメーカー名から、インド人が憧れている、あるいは好きなメーカーがわかります。

もちろんパクリは著作権に関係するのですが、当時のインドはパクリに寛容な社会だったのです。まあ、無頓着といった方が良いのですが。インドが国際社会で活躍するようになって、最近、パクリは少なくなってきています。

黒澤映画のインド版

インドの映画は、パクリなのかオマージュなのかリメイクなのかよくわからないものもたくさんあります。特に1990年代ごろは、ジャッキー・チェンが人気だったので、ジャッキーのアクションのパクリが散見されました。インドの映画館ではジャッキーばりのアクションシーンになると、みんなわいわいと応援していました。

日本にルーツがある映画もあります。『Sholay』（ショーレイ、1975年）という映画ですが、内容は次の通りです。元警察官のタークルは、田舎村を盗賊ガッバル・スィンから守るため、泥棒2人組のヴィールとジャイを雇います。ヴィールとジャイは、以前列車強盗からタークルを守った過去がありました。タークルの村にやってきた2人は、収穫期に穀物を奪おうと襲ってきた盗賊の手下3人を撃退しましたが、その後ホーリー祭に沸く村をガッバルに率いられた一味がふたたび襲撃します。

この映画は、アメリカの西部劇『荒野の七人』（1960年）がモデルとなった作品です。『荒野の七人』の元は黒澤明監督の『七人の侍』（1954年）です。『七人の侍』の内容は、戦国時代のとある貧しい農村で農民たちは野盗となった野武士たちの襲撃を恐れ、村を守るために用心棒を雇うことを決意し、7人の侍を探し出し彼らとともに野武士に対抗すべく立ち上がる、というものです。一方『荒野の七人』は、メキシコのある寒村が舞台です。毎年野盗に襲われ続けている

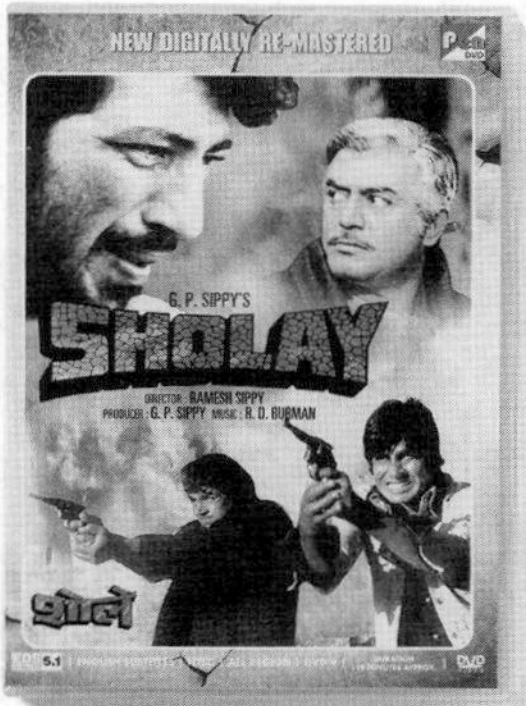

『Sholay』（ショーレイ）

村の長老は助っ人として7人のガンマンたちを雇うことにしました。彼らは村人たちに射撃の練習をさせ、隠し棚を作り、道には溝を掘らせて野盗一味の襲撃にそなえます。やがて野盗は40人の手下を率いて現れますが、思わぬ農民たちの反撃にあい、手下の半数の死体を残して命からがら逃げ帰りました。その後、何度かの攻防が続き、結局3人のガンマンが生き残ったのでした。

『七人の侍』と『荒野の七人』は、貧しい村を襲う野盗と村を守る7人の助っ人という構図が同じですが、『ショーレイ』は助っ人が2人の泥棒で、かつ恋愛要素あり、というようにアレンジしています。この3作品はともにヒットし不朽の名作となっています。『ショーレイ』の主演の1人アミターブ・バッチャンは、のちに国会議員になるほどの人気者となりました。

宇宙が舞台の、あの大ヒットシリーズ映画も

タイトルからして元ネタがわかるものもあります。『AARYAMAAN』（邦題：アーリャマーン EPISODE Ⅰ：帝国の勇者、２００１年）です。

内容は次の通りです。10万年前、アリアナ銀河にグル・クシェットラという惑星があり

ました。この惑星ではアーリャマーンという若者が、銀河最強の剣士ホーシンの弟子として厳しい修行をしていました。しかし、ついにアーリャマーンは師を打ち負かします。そこで、ホーシンはそれまで隠していたアーリャマーンの出生の秘密を話します。ジャラント王が統治するタールという惑星があり、２人の妻に各々王子が生まれました。ナサ王妃の息子ドルダールは障害児だったため、王は彼を牢獄に閉じ込めます。一方、ラサ王妃の息子アーリャマーンは、初代アリアナ銀河皇帝となる宿命を預言されたため、王権を狙うナサ王妃によって暗殺されかけます。そこで、ラサ王妃はアーリャマーンをホーシンに預けたのでした。宇宙支配を企むオセック宇宙団体労働組合の長ナーラックに支配されかけているアリアナ銀河の自由を取り戻し、捕らわれの両親を救うためにアーリャマーンはアンドロイドのトボと一緒に戦いに向かいます。

『AARYAMAAN』(邦題：アーリャマーン EPISODE Ⅰ：帝国の勇者)

もうおわかりですね。これは、『スター・ウォーズ』（１９７７年）がモデルです。登場人物には共通点があり、アーリャマーンはルーク・スカイウォーカー、ホーシンはオビ＝ワン・ケノービ、トボはC－3POです。オープニングでは、宇宙空間に手前から向こうに白いデーヴァナーガリー文字が飛んでいきます。どう見ても『スター・ウォーズ』です。

しかも、この映画の主演ムケーシュ・カンナは、テレビで『シャクティマーン』（1997〜2005年放送）というスーパーマンのパクリで主演していました。このドラマは大人気で、子どもがシャクティマーンをまねして屋根から飛んで怪我をして問題になったこともあります。当時は、神様のポストカードに交じってシャクティマーンのポストカードも売られていました。

ちなみに、この映画には、日本語版の特典映像でパパイヤ鈴木とおやじダンサーズが出演しています。敵に囚われたヒロインを救うために、ダンスをしながら敵を攪乱して助けるという役で、あの独特のダンスを披露しています。

宇宙人との友情映画も

『Koi... Mil Gaya』（邦題：君を探してた、2003年）という映画はどうでしょう。内容は次の通りです。ローヒトは脳の損傷が原因で知能の発育が遅れ、身体は高校生並みになっても知能は中学校1年生止まりでした。ある日ローヒトは物置から亡くなった父親の機械を見つけ出し、適当に遊び感覚でいじってみたら巨大なUFOが短時間ですが飛来しました。ローヒトの父親は宇宙人と交信を試みることに生涯を費やした科学者だったのです。UFOは去りましたが宇宙人が1匹地球に取り残されてしまい、警察や科学者たちはその宇宙人を捕獲しようと捜索に乗り出します。一方、ローヒトたちは宇宙人を物置小屋に匿います。宇宙人は超能力をもっており、ローヒトの脳を正常に戻したうえに、彼にスーパーパワーを与えます。ところが、警察や科学者たちに宇宙人がローヒトの家にいることを勘付かれてしまいます。そこで、ローヒトは宇宙人を宇宙に帰します。

まさに『E.T.』（1982年）ですね。ただ、宇宙人がローヒトにスーパーパワーを与えてしまうところがインドらしいですね。さらに、『未知との遭遇』（1977年）のシーンのような場面もあり、ハリウッドの偉大なSF映画をインド風にアレンジしたものとなっています。

『Koi... Mil Gaya』（邦題：君を探してた）

実は、この映画には『クリッシュ』という続編があり、こちらは『スーパーマン』『バットマン』などのようなスーパーヒーローものとなっています。

『Naksha』（ナクシャ）

考古学ロマン溢れるあの冒険映画も

考古学者の冒険モノもあります。『Naksha』（ナクシャ、２００６年）という映画です。この映画の内容は次の通りです。20年前、考古学者のカピル・マロートラーは、叙事詩『マハーバーラタ』で描かれた戦争において無敵の強さを誇ったカランが身にまとっていた甲冑の在り処が示されていた地図の秘密を解き明かそうとしていました。カピルが学術的に捜していたのに対し、考古学者バリ・バイヤーは、不思議な力に取り付かれて地図を求めていました。カピルは、バリにその地図を渡さず、地図に火を放って崖から飛び降ります。それから20年。カピルの息子の大学生ヴィッキーは、たまたまその地図を見つけ、父親の遺志を継ぐことを決意しますが、バリの手下に捕まってしまいます。しかし、ヴィッキーの異母兄弟で森林局員のヴィールに救われ、2人は、カランの甲冑を探し始めます。途中、川でリヤーという女の子を救い、彼女も仲間に加わります。3人は小人の村で楽しい夜を過ごしますが、翌朝、バリが現れて地図を奪われ彼らは殺されそうになります。危機を脱してバリの後を追いますが、バリはついに雪山の中の神殿においてカランの甲冑を手に入れてしまっていました。しかし、その甲冑は、光のない場所で効力を失うという弱点がありました。ヴィッキーたちは日没と同時にバリを攻撃して倒しますが、神殿は崩壊し甲冑は永遠に失われました。

これは、主役は兄弟2人になっており、職業が違いますが、「インディ・ジョーンズ」のパクリです。考古学、謎の地図、伝説、敵、アクション、と「インディ・ジョーンズ」の要素をインド風にアレンジしています。「インディ・ジョーンズ」でもインドを舞台にした『魔宮の伝説』がありますが、これはシヴァ・リンガとカーリーを扱っています。『ナクシャ』は、『マハーバーラタ』を物語の背景としていますので、『マハーバーラタ』と『ラーマーヤナ』を下地としたエンターテイメントが好きなインドらしい作品です。

ちなみに、インドでこの映画のDVDをお店で買おうとしたら、店員に「これはB級映画だ。他に良い映画があるから他のを買いなさい」と言われ、なかなか売ってもらえませんでした。筆者は、とても好きな映画なのですが、インド人には面白くなかったようです。

タイトルで訴えられた作品も

次は、訴訟も起きた問題作です。『Hari Puttar:A Comedy of Terrors』（邦題：ハリ・プッター：恐怖の喜劇、２００８年）。この映画は、タイトルが「ハリー・ポッター」とそっくりなことから著作権をもっているアメリカの映画会社ワーナー・ブラザースが、インドの制作会社を訴えました。提訴された『ハリ・プッター』のプロデューサーらは、タイトルを2年以上前に登録しており、「ハリー・ポッター」シリーズと類似点はないと主張し、インドの最高裁はそれを認めました。「ハリ」はインド人男性の名前で、「プッター」はパンジャービー語で「息子」という意味です。インド映画のタイトルとして成立していますし、内容がまったく違うのです。「ハリー・ポッター」は、魔法学校を舞台にしたファンタジーですが、『ハリ・プッター』は、イギリス在住の10歳の少年が、両親が旅行中に一緒に留守番をしていたハリと妹たちと2人組泥棒が対決する、というホーム・コメディーです。これはどちらかというと『ホーム・アローン』ですね。

かっこよくセキュリティを突破する映画も

他にも『Prince』（プリンス、2010年）という作品もあります。この映画の内容は次の通りです。ハイテクを駆使してダイヤなどを盗む大泥棒プリンスが、記憶喪失になり、しかも彼の恋人マヤが3人も現れ、それぞれが本物だと主張します。プリンスは、彼女らに翻弄されながらも、敵を倒しながら記憶を取り戻すべく戦います。そこには、マフィアのボスが所有する古代スリランカの魔力をもつコインが関わっていました。『ミッション：インポッシブル』といったハリウッドのアクション映画を意識した映画で、どこかで見たようなシーンがたくさん出てきます。

『Prince』（プリンス）

インドのダークな面を取り入れたリメイク作品も

インドの暗い面を取り入れた作品としては『ガジニ』（2008年）があります。内容は次の通りです。医学生のスニーターは、脳の研究のために前向性健忘症であるサンジャイ・シンハーニアのデータを検索しようとしますが、担当教授に刑事事件に関わるとしてやめるよう指示されます。そこでスニーターは独自にサンジャイに接触を試みます。サンジャイは15分毎に記憶を失うため、愛する女性カルパナーを殺害したガジニ・ダーマトマへの復讐を忘れないように写真やメモ、タトゥーで記録していました。実は、サンジャイはかつて大手通信会社の社長でした。カルパナーは売れないモデルで、あるとき会ったこともないサンジャイ・シンハーニアから求愛されたと嘘を言ってしまい、雑誌の記事になってしまいます。それを見たサンジャイは抗議するため売れない俳優サチンと偽ってカルパナーに接触しますが、弱者に対して優しく明るい彼女にサンジャイは惹かれていきます。その後カルパナーはゴアに旅行に行った際に、25人の少女が人身売買されそうになっていたため、列車に乗り合わせていた軍人に助けを求めて救ったのでした。その人身売買の首謀者がガジニで、その報復でカルパナーは殺されたのでした。ガジニはカルパナーを刺し、鉄の棒でサンジャイの頭を殴り、脳に損傷を与えたのです。

この映画はハリウッド映画『メメント』（2000年）をリメイクしたタミル語映画（2005年）をさらにリメイクした作品です。『メメント』の内容は次の通りです。ロサンゼルスで保険の調査員をしていたレナードは強盗犯に襲われて妻を失い、事件以前の記憶はあ

ります が新しい記憶は約10分間しか保てない前向性健忘という記憶障害を負いました。彼は、記憶を消さないためポラロイド写真にメモを書き、体中にタトゥーを彫って記憶を繋ぎ止めながら、犯人を追います。

『メメント』と『ガジニ』では、記憶の長さが10分と15分で微妙に違います。また、前向性健忘になるきっかけも、『メメント』では、何者かが家に侵入し、妻がレイプされたうえ殺害され、その光景を目撃してしまったショックによるものですが、『ガジニ』は、頭を殴られたことが原因です。人身売買などの要素を入れることによってインド風にアレンジしています。

コーラ

資本主義の象徴であるコーラ。インドでは、外資系では「コカ・コーラ」と「ペプシコーラ」が販売されていますが、実は、ペプシは1962年に業績不振のため、コカ・コーラは1978年に政府から国外退去を命じられたため、どちらも1度撤退しています。そのため、経済封鎖の中で、コカ・コーラとペプシが販売されていなかった1970〜80年代に国産コーラが製造されるようになったのです。

インド製コーラには、「サムズアップ」と「カンパ・コーラ」というものがあります。サムズアップは、コカ・コーラが発売していますが、甘さ控え目でスパイシーと人気が出ました。さらに、レモネードのような「リムカ」なども販売しています。カンパ・コーラは、一時期あまり見かけなかったのですが、2022年にインド最大の民間企業「リライアンス・インダストリーズ」がカンパ・コーラを買収したことにより、ふたたび市場に出回るようになりました。

国産コーラは、コカ・コーラとペプシが販売されている今でも人気商品なのです。

時計

インドには Titan や hmt などの時計メーカーがありますが、それなりにいい値段です。インドの雑貨屋には、安い時計も売っています。しかし、雑貨屋の時計をよ〜く見ると、adidos や abidas など微妙にブランド名が違います。本物のブランド名を1〜2文字変えているのです。インドでは、adidas が人気で、時計だけではなく、ジーンズなどいろいろなパクリ商品が作られています。

コラム：インド人のアレンジ力

インド人には、国外から入ってきたものをインド風にアレンジする力がとてもあると思います。たとえば、ギターをアレンジしたギタールという楽器は、座った膝にのせて上を向けて演奏します。インドは、地理的にはユーラシア大陸の真ん中あたりです。東西の文化がどちらも入ってくるところで、その両方の影響を受けていいところを取り入れて、アレンジしてきました。たまに悪い面の影響もありますが。

さて、インド映画には、ここでは取り上げませんでしたが、『タイタニック』や『ユー・ガット・メール』などのパクリもあります。国際社会でインドの存在感が増してきている現在、昔のようなパクリ満載の映画は制作されなくなりました。インド映画のアレンジはインドらしく、個人的には面白いと思うのですが。

「パクリ」といっても、そこにはインド人のアレンジ力が遺憾なく発揮されています。ときにはパクリからインドの本質を見るというのも面白いのではないでしょうか？

おわりに

筆者が、インド映画を初めてインドで観たのは、『Dushman』(1998年)でした。ヒロインのカージョルが元気でお転婆でとても魅力的でした。この映画ですっかりインド映画にハマってしまい、いろいろ観ていくうちにシャー・ルク・カーン(SRK)のファンになってしまいました。SRKは日本でも人気の俳優で、一時期はインドの織田裕二といわれていました。また、インドでは、SRKとアーミル・カーンとサルマーン・カーンを3大カーンといって、大変人気です。

そこで本書では、インドの現在を知る上でも、まずイギリス植民地時代を取り上げました。良くも悪くもイギリスはインドに大きな影響を与えました。そして、インドの社会といえばカースト制です。カースト制は一昔前ほどではありませんが、やはり経済、教育、政治、結婚、貧困などに関する多くの社会問題の根本的な原因の1つとなっています。多くの日本企業がインドに進出していますが、工場でのストライキなどカースト制を理解していないと対処できないことも起こっています。大地震でもカースト制が影響し、救援がうまくいかなかったりしています。相手の国を理解するのはとても大切なことです。

インドには、IT大国となった今でも不思議で神秘的な国という印象があります。仏教発祥の地であり、ガネーシャやシヴァなどユニークな神様がいて、いろいろな宗教が混在する国です。1990年代には、古代インドの聖仙が残したとされる個人の過去・現在・未来が記されているアガスティアの葉や、インドの宗教指導者で聖灰やネックレスなどを物質化する奇蹟を行うサイババ(サティヤ・サイ・ババ)などが日本でも流行し、それらを目当てとしたツアーもありました。

最近では、インドの伝統医療のアーユルヴェーダも注目されています。診療やマッサージなどの施術を受けにインドやスリランカに行く人もいますが、アーユルヴェーダの化粧品や紅茶、オイル、シャンプーなどは日本でも手に入ります。

また、インドを本場とするカレーも、今や日本の国民食となっており、給食の献立にも入っています。インド人が経営するインド料理屋もあちこちで見かけ、日本でも本格的なカレーを食べることができます。ナンも多くの人が慣れ親しんでいますが、実は、インドではナンよりもチャパティというもっと薄いものを食べます。チャイも大手飲料メーカーがチャイ風とかチャイ味の飲料を出していますので、日本でもかなりメジャーになっています。

しかしながら、インドカレーを食べ、チャイを飲んでいてもインドがどのような社会なのかをよく知っている人はあまり多くありません。「カースト制って学校で習ったけどなぁ、どんな社会かといわれても……」という方も多いと思います。けれども、全方位外交を展開するインドは、日本とは日印特別戦略的グローバル・パートナーシップを結んでいます（2014年）。経済的、政治的、戦略的にもインドは日本にとって重要な国です。文化的にもインドを日本文化の源流という人もいます。仏教が日本まで伝わり、日本の宗教や文化に影響を与えています。

そして、2010年にはアメリカのヒラリー・クリントン国務長官の演説で「インド太平洋」という表現が使われました。中国の海洋進出とともに台頭するインドは国際的にも存在感を増し、注目されています。今やインドという国は、かつてベテランのバックパッカーが満を持して訪れていたような場所ではなく、まず知るべき国の1つといえるでしょう。映画を通してインドを学ぶことができる、とても良い時代だと思います。

そんなインド映画の魅力は、「歌って踊って口説いて3時間」だけではなく、インドならではの神話やアレンジなどにもあります。そこにはインドの深刻な社会問題が描かれつつもユーモアがあり、長い時間を飽きさせないで観せてくれます。そして、最近では、『RRR』や『ラ・ワン』などハリウッドばりの映像で、さすがIT大国という映画も制作されています。また、『エンドロールのつづき』などじっくりと人間を描いた映画も国際的に評価されています。本書で取り上げたほとんどの映画は、DVD、インターネットなどで観ることができます。これを機会に観ていただければと思います。

いろいろな人に「どの映画がオススメですか？」ときかれますが、人により好みが違うので何ともいえません。インド映画と一口にいっても、神様B級ものからアクション、人間ドラマなど多岐に渡ります。でも、「あなたの好みで1つだけ挙げてください」と言われれば、『きっと、うまくいく』を挙げます。インド映画のセオリーを取りつつもインドのシリアスな社会問題をユーモアたっぷりに描き、ときには真剣に問題を指摘し、「きっと、うまくいく」を合言葉に立ち向かって行く主人公たち。そしてアーミル・カーンのすばらしい演技。非常によくできた、文句のつけようがない映画です。

そして、もう1つ、『RRR』です。イギリス植民地時代にイギリスがどのようにインドを支配し、インド人がどのように感じていたかがよく描かれています。劇中歌の「ナートゥ・ナートゥ」は、この映画のメッセージを表現し、耳に残る音楽と目に残る踊りとで観る人を釘付けにします。映像も美しく、印象的でエンターテイメント性に優れつつも、しっかりとメッセージを伝える映画であり、全世界でヒットしました。

本書は集英社インターナショナルの薬師寺さんが、『RRR』に感動し、筆者が趣味で書いたインド映画の論文に目を留めてくださったことから始まります。インド映画に関しては、松岡環氏、山下博司氏など多くの専門家がいらっしゃいます。筆者などに書けるのだろうかと思い、お断りしようと思っていました。しかし、実際にお会いして、お話をしているうちに、なんとか書こうと思うようになりました。一般書に慣れていない筆者のために1章ずつチェックをしてくださり、遅筆の筆者を長い目で見てくださいました。本書が完成したのは、薬師寺さんのおかげです。本書では、なるだけ楽しい映画を取り上げました。何かと暗いニュースが多い中、少しでも明るく楽しくインドのことを知っていただきたいと思ったからですが、これは薬師寺さんの方針です。大変お世話になりました。

そして、校正の方にも御礼申し上げます。間違いが多く、わかりにくい文章を校正してくださる作業はとても大変だったと思います。

また、今は亡き恩師である沼義昭先生と望月哲也先生、そしてインド研究をするきっかけをくださった渡邊寶陽先生、鈴木敏和先生、お世話になっている石塚正英先生、吉田正紀先生には感謝申し上げます。現在の筆者があるのも先生方のご指導のおかげです。ここにはお名前を挙げませんでしたが、お世話になったみなさまに感謝申し上げます。

日本評論社、2000年
・森本達雄『ヒンドゥー教:インドの聖と俗』中公新書、2003年
・山下博司、岡光信子『アジアのハリウッド——グローバリゼーションとインド映画』東京堂出版、2010年
・ルース・リスター『貧困とはなにか』松本伊智朗監訳、松本淳、立木勝訳、明石書店、2023年
・『インド映画娯楽玉手箱』キネマ旬報社、2000年

主要参考文献

・アマルティア・セン、ジャン・ドレーズ『開発なき成長の限界』湊一樹訳、明石書店、2015年
・荒松雄『現代インドの社会と政治』中公文庫、1992年
・粟屋利江、井上貴子『インドジェンダー研究ハンドブック』東京外国語大学出版会、2018年
・イザベル・サン=メザール、ユーグ・ピオレ地図製作『地図で見るインドハンドブック』太田佐絵子訳、原書房、2018年
・牛尾直行「インドにおける「無償義務教育に関する子どもの権利法(RTE2009)」と社会的弱者層の教育機会」『広島大学現代インド研究ー空間と社会』第2号所収、広島大学現代インド研究センター、2012年
・人間文化研究機構地域研究推進事業「現代インド地域研究」広島大学拠点
・NHKスペシャル取材班編著『続・インドの衝撃』文藝春秋、2009年
・押川文子「「教育の時代」の学校改革—能力主義と序列化—」『南アジア研究』第22号所収、日本南アジア学会、2010年
・小原優貴『インドの無認可学校研究ー公教育を支える「影の制度」』東信堂、2014年
・笠井亮平『モディが変えるインド』白水社、2017年
・川崎信定『インドの思想』ちくま学芸文庫、2019年
・辛島昇監修『読んで旅する世界の歴史と文化　インド』新潮社、1992年
・孝忠延夫『インド憲法』関西大学出版部、1992年
・古賀正則・内藤雅雄・浜口恒夫編『移民から市民へ』東京大学出版会、2000年
・佐藤大介『13億人のトイレ　下から見た経済大国インド』角川新書、2020年
・杉本星子「インド合同家族論再考:南インドの村落研究からの展望」『民族學研究』59巻4号、1995年
・鈴木真弥『カーストとは何か』中公新書、2024年
・スミット・サルカール『新しいインド近代史I』長崎暢子・臼田雅之・中里成章・粟屋利江訳、研文出版、1993年
・拓徹『インド人の謎』星海社新書、2016年
・J.ネルー『インドの發見(上)』辻直四郎等訳、岩波書店、1953年
・バーバラ・D・メトカーフ、トーマス・R・メトカーフ『インドの歴史』河野肇訳、創土社、2006年
・浜渦哲雄『大英帝国インド総督列伝』中央公論新社、1999年
・針塚瑞樹「インド都市部の「学校外の子どもたち」に対する平等な教育機会の提供に関する一考察——「無償義務教育に関する子どもの権利法」施行後の特別教育とノンフォーマル教育の事例から」『アジア教育』第9巻所収、アジア教育学会、2015年
・広瀬崇子・近藤正規・井上恭子・南埜猛編著『現代インドを知るための60章』明石書店、2007年
・藤井毅『インド社会とカースト』(世界史リブレット86)、山川出版社、2007年
・松岡環監修・編『インド映画完全ガイド　マサラムービーから新感覚インド映画へ』世界文化社、2015年
・水島司『一冊でわかるインド史』河出書房新社、2021年
・宮崎智絵「インドにおける映画と社会」『二松学舎大学論集』第58号所収、2015年
・宮崎智絵「カースト社会の〈不浄〉・〈ケガレ〉と浄化儀礼」沼義昭博士古稀記念論文集編集委員会編『宗教と社会生活の諸相』所収、隆文館、1998年
・ムケシュ・エスワラン、アショク・コトワル『なぜ貧困はなくならないのか』永谷敬三訳、

第7章
『Toilet-Ek Prem Katha』(邦題:トイレ　ある愛の物語) 監督:シュリー・ナーラーヤン・シン、2017年
『Padman』(邦題:パッドマン　5億人の女性を救った男) 監督:R・バールキ、2018年

第8章
『Hindi Medium』(ヒンディー・ミディアム) 監督:サケート・チョードリー、2017年
『Angrezi Medium』(邦題:イングリッシュ・ミディアム) 監督:ホーミー・アダジャニア、2020年
『Super 30』(邦題:スーパー30　アーナンド先生の教室) 監督:ヴィカース・バハル、2019年

第9章
『Slumdog Millionaire』(邦題:スラムドッグ$ミリオネア) 監督:ダニー・ボイル、2008年
『GullyBoy』(ガリーボーイ) 監督:ゾーヤー・アクタル、2018年

第10章
『English Vinglish』(邦題:マダム・イン・ニューヨーク) 監督:ガウリ・シンデー、2012年

第11章
『M.S.Dhoni:The Untold Story』(M.S.ドーニー) 監督:ニーラジ・パーンデー、2016年
『Dangal』(邦題:ダンガル きっと、つよくなる) 監督:ニテーシュ・ティワーリー、2016年

第12章
『Last Film Show』(邦題:エンドロールのつづき) 監督:パン・ナリン、2021年
『Kahaani』(邦題:女神は二度微笑む) 監督:スジョイ・ゴーシュ、2012年

第13章
『Dil Se..』(邦題:ディル・セ　心から) 監督:マニ・ラトナム、1998年
『Chennai Express』(チェンナイ・エキスプレス) 監督:ローヒト・シェッティ、2013年

第14章
『Sholay』(ショーレイ) 監督:ラメーシュ・シッピー、1975年
『AARYAMAAN』(邦題:アーリャマーン EPISODE I:帝国の勇者) 監督:ディンカー・ヤニ、2001年
『Koi... Mil Gaya』(邦題:君を探してた) 監督:ラーケーシュ・ローシャン、2003年
『Naksha』(ナクシャ) 監督:サチン・バジャージ、2006年
『Hari Puttar:A Comedy of Terrors』(邦題:ハリ・プッター:恐怖の喜劇) 監督:ラッキー・コーリー、ラージェーシュ・バジャージ、2008年
『Prince』(プリンス) 監督:クーキー・V・グラティ、2010年

本書で取り上げた主なインド映画

第1章

『Jodhaa Akbar』(ジョダー　アクバル) 監督:アシュトーシュ・ゴーワリケール、2008年
『Mughal-E-Azam』(邦題:偉大なるムガル帝国) 監督:K・アースィフ、1960年
『RRR』監督:S・S・ラージャマウリ、2022年
『Thugs of Hindostan』(ダグス　オブ　ヒンドゥスターン) 監督:ヴィジャイ・クリシュナ・アーチャールヤ、2018年
『Gandhi』(ガンジー) 監督:リチャード・アッテンボロー、1982年
『Lagaan』(ラガーン) 監督:アシュトーシュ・ゴーワリケール、2001年

第2章

『3Idiots』(邦題:きっと、うまくいく) 監督:ラージクマール・ヒラニ、2009年
『Vanaja』(ワナジャ) 監督:ラージネーシュ・ドマルパリ、2006年
『Sarvam Thaala Mayam』(邦題:響け!情熱のムリダンガム) 監督:ラージーヴ・メーナン、2018年

第3章

『Om Shanti Om』(邦題:恋する輪廻 オーム・シャンティ・オーム) 監督:ファラー・カーン、2007年
『Ghajini』(ガジニ) 監督:A・R・ムルガダース、2008年 (第14章で詳述)

第4章

『Hum Dil De Chuke Sanam』(邦題:ミモラ　心のままに) 監督:サンジャイ・リーラー・バンサーリー、1999年
『Monsoon Wedding』(モンスーン・ウェディング) 監督:ミーラー・ナーイル、2001年
『Bandit Queen』(邦題:女盗賊プーラン) 監督:シェカール・カプール、1994年

第5章

『Kabhi Khushi Kabhie Gham...』(邦題:家族の四季　愛すれど遠く離れて) 監督:カラン・ジョーハル、2001年

第6章

『Mayabazar』(邦題:幻想市場) 監督:カディリ・ヴェンカータ・レッディ、1957年
『Thalapathi』(邦題:ダラパティ 踊るゴッドファーザー) 監督:マニ・ラトナム、1991年
『Waarrior Savitri』(邦題:ラクシュミー 女神転聖) 監督:パラム・ギル、2016年
『Ramayana: The Legend of Prince Rama』(邦題:ラーマーヤナ/ラーマ王子伝説) 監督:酒向 雄豪、ラーム・モハン、佐々木 皓一、1993年
『Mukti Bhawan』(邦題:ガンジスに還る) 監督:シュバシシュ・ブティアニ、2016年
『Asoka』(アショカ) 監督:サントシュ・シヴァン、2001年
『Himself He Cooks』(邦題:聖者たちの食卓) 監督:フィリップ・ウィチュス、ヴァレリー・ベルトー、2011年
『Bombay』(ボンベイ) 監督:マニ・ラトナム、1995年
『Veer-Zaara』(ヴィール・ザーラー) 監督:ヤシュ・チョプラ、2004年
『PK』監督:ラージクマール・ヒラニ、2014年
『Jai Santoshi Maa』(ジャイ・サントーシー・マー) 監督:ヴィジェイ・シャルマ、1975年

映画ジャケット写真＝伊豆倉守一

宮崎智絵《みやざきちえ》

宗教社会学者。熊本県生まれ。立正大学文学部史学科卒業。同大学大学院文学研究科社会学専攻博士後期課程単位取得満期退学。インドの宗教と社会を中心に研究。二松学舎大学・日本大学理工学部・立正大学非常勤講師、立正大学人文科学研究所研究員。論文に「インドにおける宗教的マイノリティと日本人女性の結婚」（二松学舎大学論集59号）、共著に『支配の政治理論』『平等の哲学入門』（共に社会評論社）などがある。

インド沼《ぬま》 映画《えいが》でわかる超大国《ちょうたいこく》のリアル

インターナショナル新書一四五

二〇二四年八月一二日 第一刷発行

著 者 宮崎智絵《みやざきちえ》

発行者 岩瀬 朗

発行所 株式会社 集英社インターナショナル
〒一〇一-〇〇六四 東京都千代田区神田猿楽町一-五-一八
電話 〇三-五二一一-二六三〇

発売所 株式会社 集英社
〒一〇一-八〇五〇 東京都千代田区一ツ橋二-五-一〇
電話 〇三-三二三〇-六〇八〇（読者係）
〇三-三二三〇-六三九三（販売部）書店専用

装 幀 アルビレオ

印刷所 大日本印刷株式会社

製本所 加藤製本株式会社

 ISBN978-4-7976-8145-1 C0274

インターナショナル新書

023
新・冒険論
角幡唯介

チベットで人類未踏の峡谷踏破、北極圏の闇世界を歩く80日間の極夜行など、真に独創的な挑戦をしてきた著者。ピアリーやナンセンらの壮絶な経験から冒険の本質に迫り、すっかりスポーツ化した現代の「疑似冒険」を喝破する！

058
グローバル資本主義の終わりとガンディーの経済学
森永卓郎

度重なる自然災害、圧倒的な格差による貧困、グローバル資本主義の崩壊。時代は変革を求めている。これから世界を救うのはガンディーの経済学。それは環境問題に加え、貧困や格差もなくす「隣人の原理」だ。

084
「最前線の映画」を読む Vol.3 それでも映画は「格差」を描く
町山智浩

なぜ貧困や格差を描く映画には「雨」が付き物なのだろうか？　『ジョーカー』『パラサイト 半地下の家族』『万引き家族』『天気の子』など、今、世界中の映画作家たちがこぞって「格差」を採り上げる理由とは？

144
AIなき世界に戻れるか？ 物理学者、17の思考実験
須藤 靖

AIが人間の存在を脅かしたら、ハンマーで壊せばいい？宇宙はなぜ、ごく少数の物理法則に支配されている？アインシュタインはノーベル賞の賞金で離婚できた？自由な発想とユーモアで読者を魅了する科学エッセイ。